Rita Levi-Montalcini

Die Vorzüge des Alters

SERIE PIPER

Zu diesem Buch

Als Rita Levi-Montalcini schon weit über siebzig Jahre alt war, wurde sie für ihre neurologischen Forschungen mit dem Medizin-Nobelpreis ausgezeichnet. Mit neunundachtzig Jahren hat sie ein Buch geschrieben, das sich mit dem Alter, seinen Chancen und seinen Vorzügen auseinandersetzt. Sie erklärt, wie unser Gehirn auch im hohen Alter noch bestens funktionieren kann und wie sich die Leistungsfähigkeit sogar noch steigern läßt. Das Gehirn gleicht den natürlichen Verlust der Zellen durch bessere Nutzung der verbliebenen Zellen aus: Wenn wir im Alter intensiv leben, unseren Kopf trainieren und das tun, was uns Spaß macht, entstehen im Gehirn mehr Verästelungen und alternative Schaltkreise, die neue kognitive Leistungen ermöglichen. Rita Levi-Montalcini erzählt außerdem von berühmten Menschen, die diese These stützen, weil sie bis ins hohe Alter aktiv waren: Michelangelo, Bertrand Russell, David Ben Gurion oder Pablo Picasso.

Rita Levi-Montalcini, geboren 1909 in Turin, studierte Medizin. Nach dem Krieg wurde sie als Professorin an die Washington University in St. Louis berufen. Dort lehrte sie fast dreißig Jahre. In dieser Zeit entdeckte sie das Protein, das das Nervenwachstum steuert. 1986 wurde sie dafür mit dem Nobelpreis ausgezeichnet. Sie schrieb zahlreiche Bücher und lebt heute in Rom.

Rita Levi-Montalcini
Die Vorzüge des Alters

Leistungsfähigkeit und geistige Aktivität ein Leben lang

Aus dem Italienischen von
Christel Till-Galliani

Mit 12 Abbildungen

Piper München Zürich

Der Verlag steht den Inhabern der Rechte in bezug auf eventuell nicht ermittelte Bildquellen und Zitate zur Verfügung.

Abbildungen auf den Seiten 87, 96, 110 und 141: Archiv für Kunst und Geschichte, Berlin

FSC

Dieses Taschenbuch wurde auf FSC-zertifiziertem Papier gedruckt. FSC (Forest Stewardship Council) ist eine nichtstaatliche, gemeinnützige Organisation, die sich für eine ökologische und sozialverantwortliche Nutzung der Wälder unserer Erde einsetzt (vgl. Logo auf der Umschlagrückseite).

Ungekürzte Taschenbuchausgabe
Januar 2001 (SP 3234)
April 2005
2. Auflage März 2007

Titel der italienischen Originalausgabe:
»L'asso nella manica a brandelli«

unter dem Titel:
»Ich bin ein Baum mit vielen Ästen. Das Alter als Chance«
Umschlag/Bildredaktion: Büro Hamburg
Heike Dehning, Charlotte Wippermann,
Alke Bücking, Kathrin Hilse
Foto Umschlagvorderseite: Peter Hönnemann
Foto Umschlagrückseite: Giovanni Giovannetti
Satz: Satz für Satz. Barbara Reischmann, Leutkirch
Papier: Munken Print von Arctic Paper Munkedals AB, Schweden
Druck und Bindung: Clausen & Bosse, Leck
Printed in Germany ISBN 978-3-492-24388-9

www.piper.de

Inhalt

Für Paola,
*die »beim Malen … eine Form von Magie« zum Ausdruck bringt, »deren Ziel es ist, zwischen der Welt und uns zu vermitteln«.**

Rita

* Pablo Picasso, in: Françoise Gilot und Carlton Lake, *Leben mit Picasso.*

An aged man is but a paltry thing,
A tattered coat upon a stick, unless
Soul claps its hands and sing, and louder sing
For every tatter in its mortal dress ...

Ein alter Mann ist nur ein mindres Ding,
Zerschlißnes Tuch an einem Stock, soweit
Nicht Seele Beifall klatsche, lauter sing
Für jeden Schliß in ihrm sterblichen Kleid.

W. B. Yeats*

* W. B. Yeats, Werke I, Ausgewählte Gedichte, Neuwied und Berlin 1970, S. 157, Übertragung: Werner Vordtriede.

1. Einführung

Ich meine, daß das Schicksal die Hälfte unserer Handlungen bestimmt, aber über die andere Hälfte läßt es uns selbst entscheiden.

Niccolò Machiavelli[1]

Es ist das Schicksal aller lebenden Organismen, ob sie nun dem Pflanzen- oder Tierreich angehören, daß sie in ihrem letzten Lebensabschnitt allmählich, aber stetig dem Verfall entgegengehen. Und dieser kündigt das Ende aller Lebensfunktionen an.

Innerhalb der menschlichen Spezies ist dieser altersbedingte Niedergang allerdings sehr viel auffälliger und nimmt weitaus dramatischere Formen an als bei den übrigen Lebewesen, und zwar aus dreierlei Gründen.

Der erste ist die längere Dauer unseres Lebens. Der zweite Grund ist der Verschleiß unserer Organe, wie er sich in einem größeren oder geringeren Maß besonders durch die körperlichen Komponenten offenbart. Und der dritte Grund ist die Ablehnung alter Menschen in unserer Gesellschaft.

Der so offensichtliche, leidvolle Niedergang, dem wir als Vertreter unserer Spezies ausgesetzt sind, wird von Jonathan Swift in einem Kapitel von *Gullivers Reisen* meisterlich beschrieben. In einem orientalischen Land leben auf der Insel Luggnagg Geschöpfe, die von Geburt an ein Mal über der linken Augenbraue tragen, das sie als Unsterbliche kennzeichnet. Dennoch verläuft ihr Leben auf die gleiche Weise wie das der sterblichen Lebewesen, und ihr geistiger und körperlicher Verfall, der erst mit achtzig Jahren einsetzt, nimmt immer weiter zu, ohne daß der Tod diesem Schicksal wie bei allen übrigen Lebewesen ein Ende setzt. Der Autor beschreibt Erscheinungsbild und Verhalten dieser Menschen auf folgende Weise: »Wenn sie nun das achtzigste Jahr erreichten, das in diesem Land als äußerste Grenze des Lebens betrachtet werde, so zeigten sie nicht allein alle Torheiten und Schwächen anderer alter Leute, sondern noch viel mehr, die eine Folge der furchtbaren Aussicht, niemals zu sterben, seien. Sie wären nicht allein eigensinnig, verdrießlich, habgierig, mürrisch, eingebildet und geschwätzig, sondern auch der Freundschaft unfähig und unempfänglich für jede natürliche Zuneigung, die sich nie über ihre Enkel hinaus erstreckte. Neid und ohnmächtige Begierden sind ihre vorherrschenden Leidenschaften. Die Gegenstände aber, auf die sich ihr Neid hauptsächlich zu richten scheint, sind die Laster der jüngeren Leute und der Tod der alten. Wenn sie an die ersteren denken, so werden sie sich bewußt, daß sie von jeder Möglichkeit des Vergnügens ausgeschlossen sind, und wenn sie einen Leichenzug sehen, so klagen und murren sie, daß andere in einen Hafen der Ruhe eingegangen sind, den zu erreichen sie selbst niemals hoffen können ... Sie werden von allen Schichten des Volkes verachtet und gehaßt ... und die Frauen sahen noch scheußlicher aus als die Männer. Neben der üblichen Ungestaltheit hohen Alters zeigten sie im Verhältnis zur Zahl ihrer Jahre eine erhöhte Grausigkeit, die nicht zu beschreiben ist ...«[2]

Die schwerwiegenden Folgen des altersbedingten Verfalls nicht durch den Tod beenden zu können, wie es bei den Struldbrugs oder den Unsterblichen der Fall ist, wird von Swift als tragisches Schicksal geschildert. Und es soll den Menschen als Mahnung dienen, nicht nach einer Verlängerung ihres Lebens auf unbestimmte Zeit zu streben.

Die erschreckende Beschreibung des körperlichen Verfalls der Unsterblichen ließ den Autor wie auch seine Zeitgenossen glauben, daß diese Entwicklung zum Negativen auch die geistigen Fähigkeiten beträfe. Und diese Vorstellung beherrscht uns noch heute. Es ist die landläufige Meinung, daß sich die Senilität sowohl im körperlichen wie auch im zerebralen Bereich abzeichnet.

Viel weniger dramatisch haben Autoren aller Zeiten die Veränderungen beschrieben, die beim Menschen in dieser Phase des Lebens vor sich gehen. Leopardi drückt seine Furcht vor dem nahenden Alter auf folgende Weise aus:

... Was wird mir, wenn ich des
Alters verhaßte Schwelle auch
nicht suche zu vermeiden, dieser Wille nützen,
wenn diese stummen Augen den Herzen
anderer und auch sich selbst die Welt zeigen
und den zukünftgen Tag, der noch viel bleierner ist
und viel düsterer als der gegenwärtige?
Was anfangen mit diesen meinen Jahren?
Was ist mit mir selbst?
Bereuen werd ich das wohl und oft,
wenn auch ohne Trost, in die Vergangenheit blicken.

Obwohl sich diese pessimistische Sichtweise durch die Tatsache zu bestätigen scheint, daß die Fälle von geistigem Abbau wie zum Beispiel der Alzheimer Krankheit im Alter erheblich zunehmen, dürfen wir nicht vergessen, daß es sich dabei um pathologische Formen handelt. Dies sind keine schicksalhaften, durch ein hohes Alter bedingten Erscheinungen.

Marcus Tullius Cicero, der im ersten Jahrhundert vor Christus lebte, schilderte in seiner Schrift *Cato Maior über das Alter* die Vorzüge und Nachteile des Alters. Dabei bezog er sich nicht nur auf die eigene persönliche Erfahrung, sondern hauptsächlich auf die des großen Cato, der fünfundachtzig Jahre alt wurde.

Das Alter sollte ebenso wie die vorhergehenden Phasen des Lebens gelebt werden. Keineswegs sollte bedauert werden, daß durch die Anzahl der Jahre unsere ehemaligen Vorzüge und Vorteile verloren gegangen sind: »Das Leben hat seine bestimmte Bahn, und es gibt nur einen Weg der Natur, und der ist einfach; und jeder Lebensabschnitt hat seine Zeit zugemessen bekommen: die Schwäche der Kinder, die Wildheit der Jugend, der Ernst des Mannesalters und die Reife des Greisenalters haben etwas Naturgemäßes, das zu seiner Zeit ergriffen sein will ... Nicht durch Kraft oder körperliche Behendigkeit und Schnelligkeit werden große Leistungen vollbracht, sondern durch besonnenen Rat, das Gewicht der Person, gereiftes Urteil: Eigenschaften, die im Alter nicht verlorenzugehen, sondern sogar noch zuzuwachsen pflegen.«[3]

Ciceros Behauptung ist um so erstaunlicher, als weder zu seinen Lebzeiten noch in den darauffolgenden Jahrhunderten bekannt war, daß der altersbedingte Verfall, von dem wir als Angehörige der menschlichen Spezies heimgesucht werden, zwar durchaus unser Aussehen beeinträchtigt, aber normalerweise nicht im gleichen Maße unser Gehirn betrifft – jenes Organ, das die geistigen Aktivitäten des Homo sapiens bestimmt.

Diese Fähigkeiten können sich auch noch in den späten Altersphasen des Lebens in einer völlig neuen Art und Weise manifestieren. Ein Phänomen, das paradox erscheinen mag und dennoch auf wissenschaftlichen Daten beruht, die nicht von der Hand zu weisen sind.

Die diesbezüglichen jüngsten Erkenntnisse bilden das zentrale Thema der vorliegenden Abhandlung. Dabei wird sich die Betrachtung im wesentlichen auf die Komponenten des Gehirns beschränken, die beim Menschen die Wahrnehmungen und Erkenntnisse bestimmen.

Es bleibt ein Geheimnis, wie die astronomisch hohe Zahl der Schaltungen im Gehirn, die unsere geistigen Aktivitäten steuern, auch noch im hohen Alter wirkungsvoll funktionieren können. Dieses Problem ist, wie unzählige andere, heute noch völlig ungelöst, doch kann es als solches die Erfahrung des Lebens durchaus noch faszinierender machen.

2. Alter: Theorien und Strategien im Vergleich

Das Leben ist, als ob man ein Bild malte, nicht als ob man eine Summe zöge.

O. Wendell Holmes Jr.[4]

In der großen Mehrzahl der von Geriatern geschriebenen Bücher wird das Alter von einem optimistischen Standpunkt aus betrachtet. Dagegen betonen nur wenige Autoren, die nicht zu der oben genannten Kategorie gehören, die negativen Aspekte und definieren das Alter in einem pessimistischen Sinn oder geradezu als Katastrophe. Unter diesen Autoren ragen zwei bemerkenswerte Persönlichkeiten hervor: Simone de Beauvoir und Norberto Bobbio.

Ein Klassiker der beklemmenden Schilderung des Verlustes körperlicher und geistiger Fähigkeiten ist der Text der Beauvoir. Sie beschreibt das Alter nach dem üblichen Verständnis als »eine Art Geheimnis, dessen man sich schämt und über das zu sprechen sich nicht schickt«.

In ihrer umfangreichen Abhandlung mit dem Titel *Das Alter*, die sie vor ihrem eigenen Eintritt in das Alter geschrieben hat, drückt sich die Autorin folgendermaßen aus: »In der überwiegenden Mehrzahl jedoch erwarten die Menschen das Alter in Traurigkeit oder voller Auflehnung. Es flößt ihnen noch mehr Widerwillen ein als der Tod.«[5]

Eine ebenso pessimistische Haltung nimmt Norberto Bobbio ein, der, auf die Neunzig zugehend, in seinem Buch *Vom Alter – De senectute* folgende Behauptung aufstellt: »Die Zeit des alten Menschen ... ist die Vergangenheit ... Die Welt der Zukunft ist offen für die Einbildungskraft, und sie gehört dir nicht mehr. Die Welt der Vergangenheit dagegen ist die Welt, wo du dich mit Hilfe der Erinnerung in dich selbst zurückziehen kannst ... Der alte Mensch lebt von Erinnerungen und für die Erinnerungen ...«[6]

Im Gegensatz zu Bobbio bin ich der Ansicht, daß das Alter nicht in der Erinnerung an vergangene Zeiten gelebt werden sollte, sondern mit der Planung der eigenen Aktivitäten für die Zeit, die einem noch bleibt – sei es für einen Tag, einen Monat oder auch für Jahre. Und dabei sollten wir hoffen, noch all die Projekte realisieren zu können, die uns in jungen Jahren nicht möglich waren.

Einwände erheben kann man auch gegen Beauvoirs Behauptung, daß der alte Mensch seit jeher Gegenstand der Ablehnung von seiten der Gesellschaft gewesen sei. Dem steht die verbriefte Tatsache gegenüber, daß in verschiedenen Epochen und Ländern der alte Mensch zumindest in der patriarchalischen Familie als achtunggebietendes Oberhaupt und Zeuge für Kultur und Tradition angesehen wurde. Denn er gab die gelebte Erfahrung weiter und erfreute sich des Respekts und der Wertschätzung der Familienmitglieder. Sie bedienten sich seines Wissens bei all den Handlungen, die noch immer in der gleichen Weise ausgeführt wurden wie zu früheren Zeiten. Als solcher wurde der alte Mensch daher akzeptiert und war ein wesentlicher Bestandteil der Gesellschaft, der er angehörte.

Aus wieder anderen Gründen ist der alte Mensch auch in primitiven Kulturen oder Stammesverbänden, die oft beschönigend als Entwicklungskulturen bezeichnet werden, weder isoliert noch Objekt der Verachtung. Vielmehr bleibt er ein aktiver Teil der Gesellschaft, die von jedem ihrer Mitglieder verlangt, daß es vom frühesten Kindesalter bis ins hohe Alter bei der Bewältigung der schwierigen Aufgabe mitwirkt, die Forderungen des Alltags zu erfüllen. In einer solchen Gesellschaft bleibt keine Zeit, um über die Probleme des Alters oder den Sinn der eigenen Existenz nachzudenken.

In der gegenwärtigen Epoche hat die reißende Geschwindigkeit der schwindelerregenden wissenschaftlichen und technologischen Entwicklung eine statische Gesellschaft in eine höchst dynamische verwandelt und den alten Menschen an den Rand gedrängt, da er weder im Besitz des neuen Wissens noch jener Erfahrungen ist, die den neuen Generationen von Nutzen sind.

Und so ist der Alptraum des Alters entstanden, nicht wegen der körperlichen Beschwerden, die es mit sich bringt, sondern hauptsächlich aufgrund der Angst, von der Gesellschaft abgelehnt zu werden. Aus diesem Grund machen viele den traurigen Versuch, das Alter mit Make-up zu vertuschen, worin sie von ausgeklügelten Werbespots unterstützt werden.

Experten der medizinischen Altersforschung empfehlen als Gegenmittel zu den Leiden, die alte Menschen heimsuchen, ein gesundes und sportliches Leben: »*Mens sana in corpore sano*«.

Obwohl die Gesundheit in allen Abschnitten des Lebens eine wichtige Rolle spielt – ganz besonders im letzten – basiert diese Trumpfkarte, die jedes menschliche Wesen besitzt, nicht allein auf dem Wohlbefinden des Körpers. Vielmehr ist es auch vonnöten, über die Wirkungsmechanismen des wundervollen Organs, das das Gehirn des Homo sapiens darstellt, Bescheid zu wissen.

Bekanntlich ist es von grundlegender Bedeutung, wenn man einen Apparat oder eine Maschine auf die bestmögliche Weise einsetzen will, genau über ihren Aufbau, ihre Struktur und Funktion Bescheid zu wissen.

Von der paläo-neolithischen Zeit, in der sich die ersten Seefahrer auf ihren Einbäumen und Flößen auf die Meere wagten und sich an der Position der Gestirne orientierten, bis zu den Zeiten der See- und Raumfahrt und bis zum heutigen Tag, da wir Menschen uns einen Zugang zu den stratosphärischen Räumen erobert haben, sind wir in zunehmendem Maße auf die Hilfe ständig weiter entwickelter Instrumente angewiesen. Begonnen hat das alles bei dem »primitiven« Kompaß, dann kamen der Funkverkehr und das Radar mit all seinen elektronischen Instrumentarien, die die Raumfahrtsatelliten zur Bestimmung ihres Kurses benötigen.

An der Schwelle zum dritten Jahrtausend sollten sowohl Jugendliche als auch Erwachsene Zugang haben zu einer Reihe von Anleitungen für den angemessenen Gebrauch der kognitiven und emotionalen Leistungen, die das Gehirn erbringt. Grundlegend wichtig wird dieses Problem, wenn wir uns der letzten Phase unseres Lebens nähern, denn es ist ein Problem, mit dem sich in den kommenden Jahren eine immer größere Anzahl alter Menschen auseinandersetzen muß.

Das Ziel der hier vorliegenden Abhandlung ist es, die dazugehörigen Strukturen des Gehirns – wenn auch nur abrißartig – zu beschreiben: von der elementaren Grundeinheit, dem Neuron, bis zu den komplexen Strukturen der Hirnrinde, von denen alle geistigen Prozesse bestimmt werden.

Das Verständnis dieser Strukturen sowie ihrer Funktionen ist unerläßlich für die vernünftige Vorbereitung auf das kommende Alter. Beginnt jemand damit bereits in jungen Jahren, werden die gezeitigten Ergebnisse sogar noch wertvoller sein.

3. Der Ariadnefaden im Labyrinth des Gehirns

… Binde das vordere Ende an das Tor des Labyrinths, sobald sie dich dort hineingeworfen haben. Und gib acht, wenn du den Faden abwickelst, daß du ihn nicht zerreißt, je weiter du dich entfernst …[7]

Mit diesen Worten versuchte Ariadne, die Tochter des Königs Minos, Theseus zu helfen, der dazu verurteilt war, in das Labyrinth hineinzugehen, in dem er dem Minotaurus zusammen mit weiteren Opfern zum Fraß vorgeworfen werden sollte. Und dann gab sie dem jungen Helden verstohlen ein Knäuel, mit dessen Hilfe er den Ausgang wiederfinden sollte.

Das Labyrinth des Gehirns, auf das hier Bezug genommen wird, ist nicht weniger verschlungen als das, was von Dädalus erdacht wurde. Der einzige Unterschied besteht darin, daß der rote Faden nicht dazu bestimmt ist, zum Ausgang zurückzufinden, sondern Orientierungshilfe zu geben in dem ungeheuren Gewirr der Wege und Pfade, welche die Maschinerie des Gehirns bilden.

»Der Mensch sollte wissen, daß aus seinem Gehirn – und nur aus ihm – all seine Freude und sein Vergnügen, seine Qualen, sein Leid und die verschiedenen anderen Gemütsverfassungen rühren. Und dasselbe Organ ist auch die Ursache des Irrsinns sowie der Wahnvorstellungen und der Ängste, die ihn bei Tag und Nacht befallen und ihn dazu zwingen, umherzuirren und törichte Handlungen zu begehen. All das wird vom Gehirn erzeugt, wenn es zu heiß oder zu kalt, zu feucht oder zu trocken oder von schrecklichen, ungewöhnlichen Neigungen befallen ist.«

Hippokrates hat vor dreiundzwanzig Jahrhunderten das Gehirn als Hauptursache für die »heiligen Gebrechen« oder die Geisteskrankheiten bezeichnet. Und seither wurden bis in die jüngste Zeit nicht viele Fortschritte erzielt, was die Identifizierung der Strukturen und Mechanismen betrifft, die für die kognitiven und emotionalen Handlungen des gesunden Individuums zuständig sind. Und noch weniger Forschritte konnten in der Ursachenforschung in bezug auf die Störungen der geistigen Funktionen erreicht werden.

In einer Zeit, in der der Mensch gelernt hatte, die Formen der Venus von Milo in Marmor zu hauen, und das Denken sich bis zu den scharfsinnigen Argumentationen der hellenistischen Philosophie und der östlichen Lehren entwickelte, wurde das Gehirn nicht mit diesen Leistungen in Verbindung gebracht. Vielmehr sah man es als eine Art Vorrichtung an, die den »Geist«, der angeblich direkt von Gott stammte und all diese großartigen, für übernatürlich gehaltenen Werke bewirkte, vor Hitze und anderen ähnlich schädlichen Umwelteinflüssen schützen sollte. Und daher ist es im Grunde nicht notwendig, bis in die Zeiten von Magna Graecia zurückzugehen, in der all diese Hypothesen formuliert wurden, die uns heute als Verirrungen des Denkens erscheinen.

Die Erkenntnisse über das Nervensystem schritten keineswegs in gradueller Form fort. Vielmehr verlief die Entwicklung in einer Art unterbrochenen Linie über verschiedene Etappen, bei denen nach langem Stillstand plötzlich ein Sprung nach vorn erfolgte. Dieser Prozeß ist dem nicht unähnlich, der bei der Erkenntnis und Formulierung universeller Gesetze stattfand, die Thomas Kuhn[8] als wissenschaftliche Revolutionen bezeichnet hat und die jahrhundertelang verwurzelte Überzeugungen erschütterten. Sie ließen die Struktur des kosmischen Sonnensystems in einem neuen Licht erscheinen, ebenso unsere Begriffe von Raum und Zeit, die Evolution der menschlichen Spezies sowie die Mechanismen, die bei der Übertragung des genetischen Erbes eines Prokaryonten und einer pflanzlichen oder tierischen Zelle eine Rolle spielen. Jedes dieser Ereignisse hat nicht nur den Verlauf der Forschung auf dem betreffenden Gebiet verändert, sondern auch eine radikale Wandlung im Leben des Menschen bewirkt.

Noch gegen Ende des vergangenen Jahrhunderts, als man das Gehirn immerhin allgemein als das Organ des Denkens anerkannte, war seine Struktur Gegenstand der unterschiedlichsten Mutmaßungen.

Die Erkenntnis, daß in den Organen und dem Gewebe aller Organismen des Pflanzen- und Tierreichs elementare Bestandteile vorhanden sind, sowie ihre Bezeichnung mit dem Begriff Zellen gehen auf das Jahr 1665 zurück. Damals entdeckte sie der englische Botaniker R. Hooke, als er Querschnitte von Kork mit einem Vergrößerungsglas untersuchte. Während bereits zu Beginn des Jahrhunderts die Zellstruktur aller Pflanzengewebe und auch die der tierischen Organe bekannt war, glaubte man nicht, daß sich diese Eigenschaft auch auf das Nervensystem beziehen ließe. Die Mehrheit der Forscher vertrat die Ansicht, daß dieses System aus einem unentwirrbaren Geflecht miteinander verbundener Fasern bestünde, die zusammen ein Ganzes bildeten und nicht in einzelne Teile zerlegbar seien. Nach dieser als Retikulartheorie bekannten Auffassung sind die Nervenzellen, die auf die Knotenpunkte dieses Fasersystems verteilt sind, so eng miteinander verknüpft, daß jeder Impuls, der in den Nervenzellen ausgelöst wird, auf die gleiche Weise durch dieses dichte Fasernetz kreist wie der in einem Kraftwerk erzeugte Strom durch einen Stromkreis.

Bekanntlich können mit den üblichen Färbetechniken, die bei pflanzlichen und tierischen Geweben angewandt werden und bereits zu Beginn des letzten Jahrhunderts von den Histologen entwickelt wurden, die Nervenzellen und -fasern, welche bei einer Sektion des Gehirns und des Rükkenmarks als ein dichtes Geflecht zellulär-fasriger Strukturen erscheinen, nicht selektiv eingefärbt werden. Der Grund dafür ist, daß ihre einzelnen Bestandteile nicht auszumachen sind. Daher mußten spezifische Techniken entwickelt werden, mit denen sich sowohl die Zellen wie auch die Fasern einzeln färben lassen. Dank der Entdeckung der Silberimprägnation, auch als schwarze Reaktion bekannt, konnten diese Anforderungen endlich erfüllt werden. Sie ist das Verdienst des Histologen Camillo Golgi aus Pavia.

Im Dezember 1906 fand anläßlich der Verleihung des Nobelpreises für Medizin an Golgi und den Spanier Ramón y Cajal eine Tagung statt. Dort leitete Golgi seinen Vortrag mit dem Titel *Teorie e Fatti* [Theorien und Fakten] damit ein, daß er erklärte, warum er die »Frage des Neurons« zum Thema gewählt hatte, »und dies zu einer Zeit geschieht, da von vielen Seiten behauptet wird, daß die Theorie im Schwinden begriffen ist. Trotz dieses Hinweises auf seinen Niedergang ist das Thema noch immer wichtig, ja hochaktuell, da Physiologen, Anatomen und Pathologen größtenteils noch der Theorie des Neurons verhaftet sind. Und kein Kliniker könnte sich als hinreichend zeitgemäß begreifen, wenn er diese Ideen nicht wie einen Glaubensartikel akzeptierte.«[9]

Auf den folgenden Seiten widerspricht Golgi scharf der Neuronentheorie und stellt fest: »In einer Zeit, in der die Ergebnisse der Schwarzfärbung gerade begannen, bekannt zu werden …, kam die Auffassung auf, daß der Zellkörper mit seinen gesamten Fortsätzen einen eigenständigen elementaren Organismus darstelle, der mit den anderen nicht verbunden sei, sondern einfach an sie angrenze. Dieser so definierten Einheit hat dann Waldeyer den Namen Neuron gegeben ... In einem Bericht aus dem Jahre 1891 drückt er sich so aus: ›Das Nervensystem wird von unzähligen Nerveneinheiten gebildet, die anatomisch und genetisch voneinander unabhängig sind (Neuronen). Jede dieser Einheiten besteht aus drei Teilen: der Zelle, der Faser und der Verästelung am Ende‹[10] ... Mit Rücksicht auf die Entstehung des Nervennetzes ... habe ich sie als ein Organ betrachtet, das einen grundlegenden Anteil an der besonderen Funktion des Nervensystems hat ...«

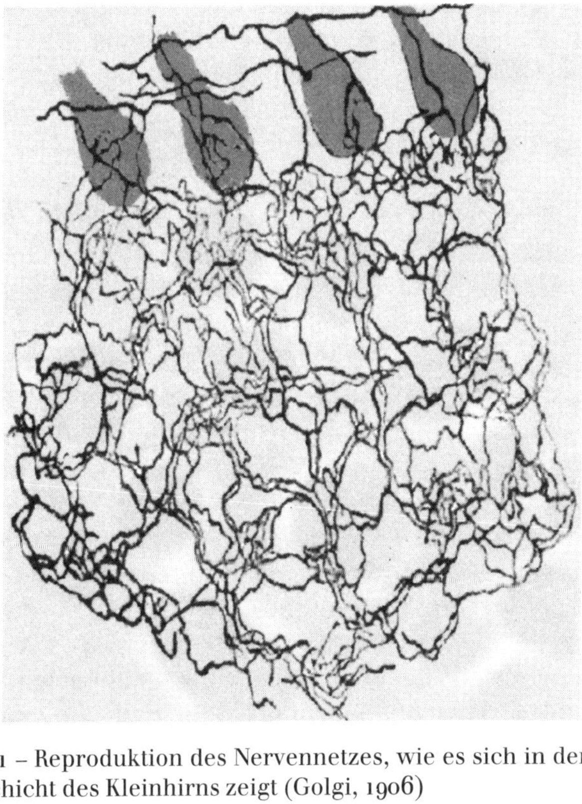

Abb. 1 – Reproduktion des Nervennetzes, wie es sich in der Körnerschicht des Kleinhirns zeigt (Golgi, 1906)

Bei derselben feierlichen Sitzung stellte der große Histologe Ramón y Cajal eine gegensätzliche These auf. Sie stützte sich auf die Resultate seiner Forschungen, die er mit Hilfe einer Methode durchgeführt hatte, die Golgi entwickelt hatte.[11] Darin wurde unwiderlegbar die Gültigkeit der Neuronentheorie bewiesen, die in der Nervenzelle die elementare Einheit des Systems sah. Diese sei mit den anderen Neuronen nur durch angrenzende Nachbarschaft, nicht aber in einem ununterbrochenen Zusammenhang verbunden.

Die Neuronentheorie von Ramón y Cajal[12] und die von Golgi verfochtene Netztheorie waren Gegenstand hitziger Diskussionen, die bis in die ersten Jahrzehnte dieses Jahrhunderts andauerten. Sie ebbten erst ab, als die Beweise zugunsten der Neuronentheorie derart zwingend wurden, daß die gesamte Gemeinschaft der Wissenschaftler diese akzeptierte.

Wie der Biologe Abercrombie richtig bemerkt: »Die Bedeutung dieser Auseinandersetzung zwischen der Neuronentheorie, die erstmals von Waldeyer und His verfochten und von Ramón y Cajal bestätigt wurde, und der von Golgi vorgeschlagenen Netztheorie liegt nicht allein in der Schwierigkeit, die Grundstrukturen des Nervensystems zu erläutern. Sie hat – wie immer, wenn ein wissenschaftliches Problem der Gegenstand solch scharfer und hitzig geführter Debatten ist – tiefere Wurzeln. Die Bedeutung dieser Polemik rührt daher, daß hier zwei konträre Standpunkte verteidigt werden, deren Inhalt jeweils stark emotional geprägt ist. Während der eine behauptet, daß das Geheimnis des Organismus als Ganzes mit Sicherheit verlorengeht, wenn die einzelnen Bestandteile analysiert werden, hält der andere, streng atomistische, nur die Vorgehensweise für wirksam und vorteilhaft, bei der das zu untersuchende Objekt in seine einzelnen Bestandteile zerlegt wird. Denn damit soll eine Analyse auf struktureller wie auch funktionaler Ebene erleichtert werden.«[13]

Ramón y Cajals Entdeckung einer neuen selektiven Methode (1903), wobei die Nervenzellen mit Silber durchtränkt wurden, enthüllte auch noch weitere wesentliche Aspekte der Struktur dieses Systems.

Diese Methode war, wie er rückblickend in seiner Autobiographie formuliert, von größter Bedeutung für die Ermittlung der einzelnen Komponenten des Nervensystems in der Anfangsphase seiner Entstehung (Neurogenese). Die Vorgehensweise, auf die er zurückgriff, ist, wie er sich ausdrückt, mit derjenigen zu vergleichen, die es ermöglicht, die verwirrende Vielfalt der Bäume und Sträucher in einem Wald dadurch zu analysieren, daß man einzelne Bäumchen untersucht, die gerade am Anfang ihres Wachstums stehen. Vielleicht bekomme man auf diese Weise einen Anhaltspunkt dafür, wie später einmal die tatsächliche Vegetation dieses Waldes aussehen wird.

So kam ans Licht, was man als die grundlegende Eigenschaft des Nervensystems betrachten kann. Es besteht aus Tausenden von Zellpopulationen, von denen jede einzelne sich hinsichtlich ihrer Struktur und auch in ihrer funktionalen Rolle von all den anderen Populationen vollständig unterscheidet.

Es ist äußerst schwierig, den Aufbau und die Funktion dieses wunderbaren Mechanismus zu erläutern, im Vergleich zu dem der komplizierteste elektronische Rechner wie ein Spielzeug aus dem Kindergarten wirkt. Außerdem wird diese Schwierigkeit noch durch die Tatsache erhöht, daß die Neuronen und die Nervenschaltungen in eine feste Matrix gebettet sind, die aus einem fast undurchdringlichen Geflecht von Nervenfasern und weiteren Zellen besteht. Diese werden mit dem allgemeinen Begriff Satellitenzellen bezeichnet und sind in einer

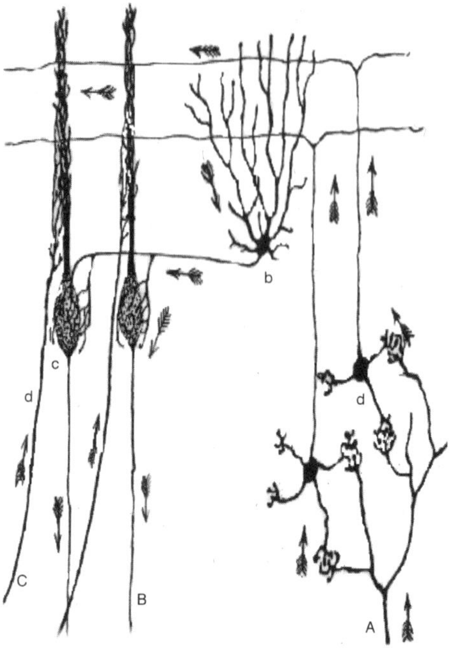

Abb. 2 – Verknüpfung zwischen Körnchenzellen und Purkinje-Zellen. Die Körnchenzellen sind kleine Nervenbestandteile mit verschiedenen feinen Dendriten, die in einer fingerförmigen Verzweigung enden (A)
(aus: S.R. y Cajal, *Struktur und Verbindung der Neuronen*, Nobel-Konferenz, 12. Dezember 1906)

Anzahl vorhanden, die etwa zehnmal höher liegt als die der Nervenzellen.

Die bedeutsamsten Erfolge, die in der zweiten Hälfte des Jahrhunderts erzielt wurden, traten alle zur gleichen Zeit in den verschiedenen Bereichen dieser Disziplin auf: von der Erforschung der Struktur und Funktion der einzelnen Nervenzelle bis hin zu den Untersuchungen zur Übermittlung der Botschaften auf den Nervenbahnen.

In denselben Jahrzehnten, in denen dank der grundlegenden Arbeiten von Ramón y Cajal Aufbau und Struktur des Nervensystems in all ihren Einzelheiten enthüllt wurden, entdeckte der englische Physiologe C.S. Sherrington die Bildung und Übermittlung des Nervenimpulses, der die Grundlage für die Funktion des Systems selbst ist. Sherrington bewies, daß die Strukturen der Muskeln und der Sehnen regelrechte Sinnesorgane sind. Von fundamentaler Bedeutung ist das von ihm erarbeitete Konzept, nach dem alle zentralen Funktionen eine integrative Eigenschaft haben. Das Nervensystem besteht nicht aus einer Ansammlung unabhängiger Bestandteile, sondern es bildet ein organisches Ganzes, bei dem die einzelnen Teile mitereinander verbunden sind.[14]

Obwohl diese Kenntnisse über die Struktur der Nerven und die Bildung und Übermittlung ihrer Impulse bereits in der zweiten Hälfte des vergangenen Jahrhunderts bekannt waren, blieb das Gehirn auch weiterhin ein nicht zu ergründendes Labyrinth.

Im Jahr 1967 zeichnete F. Crick, der berühmte Biophysiker, in seinem Werk *Of Molecules and Men* ein überaus pessimistisches Bild von dem Zustand, in dem sich die Neurowissenschaften der damaligen Zeit befanden: »Noch immer wissen wir nichts über die allgemeine Struktur des Nervensystems. Wenn wir uns fragen, auf welche Weise das Gehirn lernt und sich etwas einprägt, tappen wir sogar noch mehr im dunkeln. Derzeit hofft die Forschung auf irgendwelche chemischen Verbindungen, aber ich habe den Eindruck, daß wir am Anfang eines langen und sehr steinigen Weges stehen ... Was jedermann gestern für gültig hielt und Sie noch heute glauben, werden morgen nur noch die Verrückten für wahr halten.«[15] Derselbe Crick hat sich in jüngster Zeit voll und ganz der Erforschung des Problems von Geist und Gehirn gewidmet. Er vertritt die

Ansicht, daß es mit den Methoden, die uns heute zur Verfügung stehen, sicher möglich sein werde, dieses Problem neu in Angriff zu nehmen. In einem Artikel des Jahres 1979 behauptet er: »Für den Menschen gibt es keine wichtigere wissenschaftliche Forschung als die über das Gehirn. Unsere Sicht des Universums ist eng damit verknüpft.« So stellt die Analyse der Gehirnfunktionen, wie Crick es ausdrückt, nicht nur die entscheidende Bedingung für die Erkenntnis des Universums dar, sondern ist auch der Schlüssel zu einem noch lebenswichtigeren Problem: dem Verständnis der geistigen Aktivitäten des Homo sapiens.

4. In den Mäandern des Nervensystems

Am Anfang war das verborgene Hirn.
Das Hirn aus Zellen, gedankenverlötet …

Dylan Thomas[16]

Bei den einfachsten tierischen Organismen besteht das Nervensystem aus einigen Hundert Nervenzellen, doch bei unserer Spezies wird die Anzahl der Nervenzellen auf eine Größenordnung von etwa einhundert Milliarden geschätzt.

Der Neurobiologe G. M. Edelman nimmt in einem vor kurzem veröffentlichten Buch Bezug auf die erstaunliche Anzahl von Neuroneneinheiten, die im Gehirn des Menschen vorhanden sind, und er führt näher aus: »In der Großhirnrinde gibt es verblüffend viele Verbindungen, nämlich etwa 10^{15}, also eine Billiarde. Wollte man sie zählen und zählte pro Sekunde eine Synapse, wäre man erst nach 32 Millionen Jahren damit fertig. Ein Eindruck von der Anzahl der Verbindungen in dieser außerordentlichen Struktur ergibt sich ebenfalls, wenn wir bedenken, daß ein Streichholzkopf Gehirnmasse etwa eine Milliarde Verbindungen enthält. Bis jetzt habe ich wohlbemerkt nur von der Anzahl der Verbindungen gesprochen. Wenn wir bedenken, wie vielfältig sich die Verbindungen untereinander kombinieren lassen, wird die Zahl hyperastronomisch – in der Größenordnung einer Eins mit Millionen Nullen. (Die Anzahl der positiv geladenen Teilchen im ganzen bekannten Universum ist etwa eine Eins mit achtzig Nullen!)«[17]

Bei allen Tierarten führen die Neuronenzellen im wesentlichen die gleichen Funktionen aus.

Die rhythmischen Kontraktionen im Mantel der Qualle, die langsamen, stereotypen Bewegungen einer Seeanemone, die Turnübungen eines Akrobaten, die musikalische Darbietung eines Klaviervirtuosen oder Streichinstrumentalisten stellen die Extreme einer unendlichen Reihe von motorischen Tätigkeiten dar. Und bei allen Organismen, gleichgültig, ob auf dem untersten phylogenetischen Niveau der Hohltiere oder dem außerordentlich komplexen Apparat des Nervensystems bei uns Menschen, wird dies von den Nervenschaltungen bewerkstelligt.

Die Neuronentätigkeiten sind diesen Funktionen übergeordnet. Sie manifestieren sich nicht in Bewegungen, sondern in Funktionen ganz anderer Natur – etwa der Entwicklung der Gedanken. Doch unterscheiden sie sich von den vorher genannten nicht durch ihre morphologische Grundlage, da sie gleichfalls aus Nervenzellen bestehen, die allerdings auf den höchsten Gehirnebenen angesiedelt sind. Die Eigenschaft solcher Zellen und Neuronenschaltungen in bestimmten Arealen der Hirnrinde wurde bis ins vergangene Jahrhundert als eine jüngere Errungenschaft in den Entwicklungsprozessen des Nervensystems angesehen, die außerdem nur bei den Vertretern der menschlichen Spezies vorkomme. Heute nimmt man jedoch allgemein an, daß sie auch bei allen übrigen Wirbeltieren zu finden ist – wenngleich in einer weit weniger komplexen Form als im Gehirn des Homo sapiens.

Im 19. Jahrhundert und in den ersten Jahrzehnten des 20. Jahrhunderts waren die Untersuchungen über den Geist und das Gehirn nach Methodik und Zielrichtung zwei völlig unterschiedlichen Bereichen zugeordnet: auf der einen Seite der Morphologie und Physiologie und auf der anderen der Psychologie.

Die Psychologie ignorierte die strukturellen und funktionalen Grundlagen des Gehirns. Man betrachtete dieses

Organ wie eine Art Blackbox, von der lediglich Input (Eingang) und Output (Ausgang) bekannt waren. Was jedoch die neuronalen Bestandteile betraf oder die Art und Weise, wie diese sich untereinander beeinflussen, entging dem Betrachter.

Diese Trennung hatte ihren einflußreichsten Vertreter in dem französischen Philosophen Descartes gefunden,[18] der eine deutliche Unterscheidung zwischen den beiden Komponenenten Materie und Geist traf: *res cogitans* und *res extensa*.

Wie es Damasio in seinem Buch *L'errore di Cartesio* [Descartes' Irrtum][19] ausdrückt, beruhte das vielleicht auch darauf, daß Descartes ein Modell des menschlichen Geistes entworfen hatte, das überhaupt nichts mit dem in natura vorhandenen zu tun hatte.

Das Problem, die Entstehung und die Wirkungsweisen von geistigen Funktionen zu erläutern, hat den Menschen, seitdem er sich seiner eigenen Existenz bewußt ist, nicht zur Ruhe kommen lassen. Seine Lösung schien etwas Ungewöhnliches, wenn auch Unmögliches zu sein. In diesem Sinne jedenfalls äußerte sich vor etwa einem Jahrhundert der bekannte Psychologe W. James: »... auch der schwächste Sonnenstrahl, der die Beziehung zwischen Gehirn und Geist beleuchten würde, würde den größten wissenschaftlichen Erfolg darstellen. Und er wäre von einer unendlich größeren Tragweite als all die Forschungsergebnisse, die bis heute in den anderen wissenschaftlichen Bereichen erzielt worden sind.«[20] Der Neurobiologe von heute teilt dennoch den Standpunkt, den der Neurophysiologe C. S. Sherrington vor einem halben Jahrhundert vertrat, als er schrieb: »Wir müssen die Beziehung zwischen Gehirn und Geist nicht nur als ein Problem betrachten, das außerhalb unserer Reichweite liegt, sondern auch als eines, dem es zum jetzigen Zeitpunkt an einer

Grundlage fehlt, die es uns erlauben könnte, uns damit auseinanderzusetzen.«[21] Die Hoffnung, in die verborgenen Mäander des Nervensystems eindringen zu können und die Basis zu finden, auf der sich die Beziehungen zwischen den zerebralen und geistigen Funktionen erklären lassen, ermutigte eine immer größere Anzahl von Experten aus anderen Bereichen, sich damit zu befassen.

Die bereits auf diesem Gebiet erzielten Ergebnisse sowie diejenigen, die antizipiert worden sind, lassen sich auf drei Faktoren zurückführen: 1. die Anwendung neuer Strategien, die sich auf die enge Zusammenarbeit von Wissenschaftlern verschiedener Forschungsbereiche stützen, 2. den Einsatz neuer Techniken und Methoden und 3. den Abbau aller Barrieren, die in der Vergangenheit die einzelnen Forschungsgebiete, die sich entweder der morphologischen Untersuchung des Nervensystems oder seiner physiologischen Funktion oder der Verhaltensforschung widmeten, gegeneinander abgeschottet hatten.

Eine der herausragendsten Entwicklungen in dieser Hinsicht ist eine Versuchsreihe, mit der die Abläufe erklärt werden, die bei der Entschlüsselung von Botschaften zusammenwirken, die über die Sinne wahrgenommen werden. Sie bilden die Grundlage für die Phänomene der Wahrnehmung.

Diese mit elektrophysiologischen Techniken durchgeführten Untersuchungen von S.W. Kuffler[22] und seinen Mitarbeitern und Schülern D. Hubel und T. Wiesel wurden unter Verwendung eines visuellen Modellsystems begonnen. Letzteres ist besser als jedes andere dazu geeignet, den Empfang und die Übertragung des Nervenimpulses von den am Rand befindlichen Organen zu den Zwischen- und Endstationen systematisch und genau zu analysieren. Im Unterschied zu ihren Vorgängern gingen Kuffler, Hubel und Wiesel dieses Problem nicht in seiner ungeheuren

Komplexität an, sondern in seiner einfacheren Form: Sie untersuchten die Reaktion, die auf einen dünnen Lichtstrahl erfolgte, und zwar von dem Augenblick an, in dem er – nach vorherigem Empfang durch die Rezeptoren auf der Netzhaut – auf die Ganglienzellen einwirkt, die am Anfang der Sehnervfasern sitzen, bis zu dem Zeitpunkt, da der Strahl die höheren Stationen erreicht und im neokortikalen Teil des Hinterhauptslappens [Lobus occipitalis] die Mechanismen der Lichtwahrnehmung in Gang setzt.

Die Ergebnisse dieser Forschungen gingen von Experimenten aus, welche die elektrische Aktivität der Netzhaut-Ganglienzellen bei Dunkelheit oder nach Auftreffen eines Lichtstrahls registrierten. Kuffler entdeckte, daß die Zellen entlang den Fasern, die den Augennerv bilden, auch bei Dunkelheit Nervenimpulse übermitteln können, während bei diffuser Beleuchtung keine Veränderung in der Frequenz der elektrischen Aktivität hervorgerufen wird. Wird die untersuchte Nervenzelle direkt von einem dünnen Lichtstrahl getroffen, erhöht sich diese Frequenz jedoch unversehens oder kann im Gegenteil vollständig aufhören. Die Verlagerung des Mikroleuchtstrahls auf die Zellen, die sich konzentrisch um dieselbe Zelle scharen, bewirkt einen völlig gegenteiligen Effekt: Sie erhöht die elektrische Aktivität, falls diese von einem Licht behindert worden ist. Sie kann sie jedoch auch blockieren, aber nur, wenn vorher ein Lichtstrahl auf die Zelle eingewirkt und bereits die Frequenz der elektrischen Impulse erhöht hat. Kuffler bezeichnete den Bereich der Zelle und der strahlenförmig um sie herum verteilten Zellen als »das rezeptive Feld der Ganglienzelle«. Aus der Untersuchung des Verhaltens aller Netzhauteinheiten (circa eine Million Zellen) ergibt sich, daß deren Funktion nicht darin besteht, Informationen über die wechselnde Intensität des einfallenden Lichts an die übergeordneten, für das Sehvermögen zuständigen Zentren weiterzuleiten, sondern Informationen über den Kontrast zwischen den Zonen von Licht und Schatten, einen Kontrast, der seinerseits wiederum die Umrisse und Formen der Gegenstände hervorhebt, die in das Sichtfeld fallen.

Diesem ersten Vorgang, der durch die selektive Auflösung der Informationen bereits auf der ersten Station des Sehens, der Netzhaut, zustande kommt, folgen Prozesse ähnlicher Natur. Sie finden – wenn auch in weit größerem Ausmaß – auf der Ebene der Cortex-Stationen des Hinterhauptslappens (Lobus occipitalis) statt, der für die Rezeption der visuellen Sinneseindrücke zuständig ist.

Wie die von Hubel und Wiesel[23] durchgeführte Analyse hervorhebt, geht der sensorische Input auf jeder Station, von den untersten bis zu den höchsten Schichten des für das Sehen zuständigen Cortex weiteren Prozessen der selektiven Informationsauflösung entgegen. Das gipfelt in der Übermittlung eines vereinfachten, von der Sicht unseres Sehfeldes stark abstrahierten Bildes an die obersten, für die visuelle Wahrnehmung zuständigen Zentren des Cortex. Mit dem Nobelpreis, den Hubel und Wiesel 1981 erhielten (Kufflers Tod 1980 beraubte ihn dieser verdienten Anerkennung), wurde die außerordentliche Bedeutung ihrer Forschungsergebnisse anerkannt. Dank dieser Forschungen, die in den fünfziger Jahren durchgeführt wurden und immer noch weiter entwickelt werden, wurde es möglich, die ersten Buchstaben der verschlüsselten Sprache des visuellen Wahrnehmungssystems zu ermitteln und zu enträtseln.

Im übrigen sind diese Prozesse und die damit verbundenen Strukturen bei allen Säugetierarten gleich. Und obwohl sie für unsere Kenntnis der Hirnfunktionen einen grundlegenden Beitrag liefern, finden sie in der vorliegenden Abhandlung keine weitere Beachtung, da sie nicht zu jenen geistigen Aktivitäten gehören, die in den kognitiven und schöpferischen Funktionen des Homo sapiens zum Ausdruck kommen.

Vom Neuron zum Gehirn

Will man sich eine Vorstellung machen, wie das Nervensystem funktioniert, braucht man Kenntnisse über die elementare Einheit des Nervensystems, das Neuron, und über die strukturellen Mechanismen, die die Nervenzellen untereinander verbinden.

Die Neuronen teilen sich in drei große Kategorien: die sensorischen, die motorischen und die assoziativen. Die sensorischen Neuronen, die mit dem Begriff Rezeptoren bezeichnet werden, sind auf den Empfang und die Umwandlung der Energie von außen spezialisiert (Licht- und Klangenergie, mechanische, thermische, elektrische oder chemische Energie). Motorische Neuronen, die mit dem Adjektiv synaptisch bezeichnet werden und in der zerebrospinalen Achse lokalisiert sind, empfangen den Nervenimpuls und übermitteln ihn zu anderen Neuronenzellen oder zu den peripheren Organen und Geweben. Und die dritten, die als assoziative Neuronen bezeichnet werden, verbinden die synaptischen Neuronen, welcher Art auch immer die von ihnen ausgeübte Funktion sein mag. Die assoziativen Neuronen im Gehirn der menschlichen Spezies stellen fast die Gesamtheit aller Nervenzellen dar, das heißt jene 99,98 Prozent, die keine motorischen oder sensorischen Funktionen ausüben.

Bei allen Wirbeltieren, angefangen bei der niedrigsten bis hinauf zur höchsten Evolutionsstufe, sind die Neuronen als einzelne Einheiten über die gesamte zerebrospinale Achse verstreut angeordnet. Sie können auch Zellhaufen bilden, die als Kerne oder als Laminae bezeichnet werden. Bei den Laminae, die charakteristisch für die Groß- und Kleinhirnrinde sind, sind die Neuronen wie Bäume an einem Spalier aufgereiht. Bei der neokortikalen Komponente der Hirnrinde sind sie bei den höheren Wirbeltieren in Säulen angeordnet.

Der enorme Selektionsdruck, dem der für die Denktätigkeit zuständige Bestandteil ausgesetzt war, bewirkte die Bildung von Falten im Hirnmantel, die als Gehirnwindungen bezeichnet werden. Dieser Prozeß vollzog sich, ohne eine übermäßige Vergrößerung des Schädelumfangs erforderlich zu machen, obwohl er eine beeindruckende Entwicklung der kognitiven Fähigkeiten des Menschen ermöglichte. Im Neocortex, also dem phylogenetisch jüngsten Teil des Gehirns, der sich beim Menschen fast über die Gesamtheit des Hirnmantels erstreckt, unterscheidet man sechs Schichten. Sie sind aus Laminae gebildet, die sich mit Nervenfasern und Nervenzellen abwechseln. Die säulenförmige Anordnung der Zellen der Hirnrinde sowie ihre Verteilung entlang der vertikalen Achse dieser Säulen aus interzellulären Synapsenverbindungen liegt der Ansicht zugrunde – die durch etliche physiologische Experimente bestätigt worden ist –, daß die operative Einheit des Neocortex von diesen Säulen repräsentiert wird.[24]

Die kognitiven Fähigkeiten der menschlichen Spezies – von unseren entferntesten Ahnen bis zum Homo sapiens –, die sich aus der Vermehrung der neokortikalen Windungen ergaben, haben in den Bestandteilen des Gehirns, die als Palaeocortex bekannt sind oder mehr allgemein als Lobus limbicus bezeichnet werden, keinen vergleichbaren Entwicklungsprozeß durchgemacht.

Im Jahr 1865 führte der französische Neuropathologe P. Broca[25] den Ausdruck »Lobus limbicus« ein, um den Komplex dieser Teile des Gehirns zu kennzeichnen.

Eine der charakteristischen Eigenarten, die bei den Windungen des Lobus limbicus festzustellen sind, ist ihre zytoarchitektonische Anordnung, die weit weniger ausgearbeitet ist als die der neokortikalen Windungen. Deren Ausdehnung nimmt im Verlauf der Entwicklung von den niederen Säugetieren bis zum Menschen explosionsartig zu und spiegelt die einzigartige Entfaltung der intellektuellen Fähigkeiten des Homo sapiens im Vergleich zu den anderen Säugetieren wider.

Heute bevorzugt man statt des Ausdrucks »Lobus limbicus« die von dem Neurologen Mc Lean vorgeschlagene Bezeichnung »Limbisches System«.[26] Dieses System schließt nicht nur die Windungen ein, sondern auch die Kerne und Kernkomplexe, die im Gewebe des Gehirns angeordnet sind und ihrerseits durch die »Rückschaltkreise« verbunden sind, das heißt jene, welche die verschiedenen Komponenten dieser Nervenzentren untereinander in Beziehung setzen.

Dieser Schaltkreis wurde von dem amerikanischen Anatomen J.W. Papez[27] als der Schaltkreis der Emotionen bezeichnet, der in phylogenetisch sehr alten Windungen – wie denen des Lobus limbicus – und in subkortikalen Strukturen und solchen des Zwischenhirns angelegt ist, welche das Gehirn aller Säugetiere auszeichnen. Und diese Strukturen sind für die Erzeugung und Bekundung der Emotionen zuständig.

Der emotionale Schaltkreis spielt für das Überleben des Einzelwesens und der Spezies eine sehr wichtige Rolle. Er liefert eine überzeugende Erklärung für eine wohlbekannte Tatsache, das heißt für die Universalität und zugleich den feststehenden Charakter aller emotionalen Äußerungen, denn diese unterscheiden sich bei Individuen, die sich in einem emotionalen Zustand befinden – von der niedrigsten bis zur höchsten Evolutionsstufe der Säugetiere –, nicht grundlegend voneinander.

In den Jahren nach der Aufstellung der Theorie der Emotion bestätigten Studien das von Papez vorgeschlagene Modell in seinen Hauptzügen. Sie hoben jedoch die Tatsache hervor, daß dieser Schaltkreis viel komplexer ist, als anfangs angenommen wurde, und nicht in einem Vakuum operiert, sondern seinerseits durch kortikale Schaltkreise von jüngerer Entwicklung sowie durch andere subkortikale Zentren kontrolliert wird, die ebenfalls eine sehr bedeutsame Funktion für das Verhalten haben.

Von großem Interesse ist ein Vergleich zwischen der raschen Entwicklung der technischen Fertigkeiten des Menschen und der Bewahrung der im wesentlichen erhaltenen emotionalen Impulse. Während sich die intellektuellen Fähigkeiten des Menschen rasch weiterentwickelten, hat das limbische Areal, dessen Aufgabe die Erhaltung des Individuums und der Spezies war, das anfangs gefährdete, zerbrechliche Geschöpf verteidigt und beschützt. Der Augenblick, da ein entfernter Vorfahr von uns von den Bäumen des Äquatordschungels herabstieg und sich in die Weiten der afrikanischen Savanne wagte, markierte in der Geschichte des Menschengeschlechts eine Tatsache, die von außerordentlicher Bedeutsamkeit war. Dieser Mensch (der Australopithecus) war in der Lage, sich rasch auf die verschiedenen Gefahren einzustellen, mit denen er konfrontiert wurde, indem er einen wilden Selbsterhaltungstrieb entwickelte. Der Gang auf zwei Beinen ermöglichte es ihm, seine oberen Gliedmaßen nicht mehr zur Fortbewegung, sondern für die Anfertigung von Werkzeugen zu benutzen. Das wiederum stellte ihn vor die Notwendigkeit, die geschaffenen Gegenstände zu benennen, und eröffnete ihm so die Möglichkeit, mit seinen Artgenossen zu kommunizieren.

So folgte auf die natürliche Evolution, die sich über Millionen von Jahren erstreckte, mit der Entdeckung der gesprochenen und der geschriebenen Sprache die Entwicklung der Kultur.

Es ist wahrscheinlich, daß die evolutionsbedingte Trennung der beiden oben erwähnten Bestandteile des Gehirns zur Entstehung von Situationen beitrug, die im Lauf der Zeit immer mehr von der Norm abwichen, das heißt, Macht und Neuerungen der Technik wurden in den Dienst brutaler, grausamer Instinkte gestellt: Die zeitgenössischen Kriege lehren uns, wie sehr die aggressiven, zerstörerischen Triebe von den uns heute zur Verfügung stehenden Mitteln gesteigert werden. Daher garantiert uns die Schnelligkeit, mit der die wissenschaftlich-technischen Fähigkeiten zunehmen, keineswegs deren gute, zivile Anwendung von seiten des Menschen. Ganz im Gegenteil, je größer das Gefälle zwischen den Funktionen der neokortikalen und denen der limbischen Komponente wird, desto stärker wächst auch die Gefahr, daß die Fortschritte in Wissenschaft und Technologie vorwiegend zu destruktiven Zielen benutzt werden. Der rasche Fortgang der Entdeckungen macht Entwicklung weltweit zu einer nicht zu bestreitenden Tatsache, während der Fortschritt auf die utopische Sphäre der großen Hoffnungen des Menschen beschränkt bleibt.

Ein weiterer Aspekt der schwierigen Beziehung zwischen rationalem Tun und emotionalen Impulsen wird durch die Art und Weise bestimmt, wie in der heutigen Zeit der Informationsfluß gesteuert wird. Informationen, die Wissen vermitteln, sind inzwischen in der Überzahl. Die Verbreitung der unrichtigen Information oder, besser gesagt, der Desinformation nimmt ständig zu, was in immer größeren Teilen der Bevölkerung auch heftige emotionale und irrationale Impulse hervorruft. Bei den Informationen aus den verschiedensten Themenbereichen gilt das sogar um so mehr für die Wissenschaft. Das menschliche Gehirn hat zwei überaus leistungsfähige Systeme, durch die es mit der Außenwelt in Kontakt tritt: das Seh- und das Hörvermögen. Die Empfänglichkeit für äußere Reize sowie die Neigung, der hypnotischen Wirkung ständig wiederholter Botschaften zu erliegen, bilden einen Mechanismus, von dem totalitäre Regime, die zu allen Zeiten die spontane Reaktion der Individuen ausgenutzt haben, geschickt Gebrauch machen: Das Geschrei der Menge, die von einem Diktator angestachelt wird, ist die bekannteste Demonstration einer Massenhypnose.

In den kulturell weiter fortgeschrittenen Gesellschaften wird der einzelne dazu angehalten, von seinen kritischen Fähigkeiten Gebrauch zu machen. Damit soll er vor dem Risiko geschützt werden, bei öffentlichen Kundgebungen ein Opfer des kollektiven Wahnsinns zu werden. Der Wert des Gebrauchs der Vernunft stellt die letzte Hoffnung der menschlichen Spezies und aller anderen lebenden Arten dar: »Die Menschen gebrauchen die Vernunft immer als letztes Mittel«, sagte der israelische Staatsmann Abba Eban.

Der grundlegende Wert des Gebrauchs der Vernunft ist die Botschaft, die es den neuen Generationen zu übermitteln gilt.

Die neurologischen Grundlagen von Lernen und Gedächtnis

Seit Mitte des letzten Jahrhunderts leisten die Neurobiologen ihren Beitrag oder, besser gesagt, vielfache Beiträge auf mehreren Ebenen gleichzeitig und mit Hilfe immer ausgefeilterer Techniken und greifen dabei auf die gleichen reduktionistischen Vorgehensweisen zurück, die auf anderen Gebieten der Biologie und insbesondere der Molekularbiologie einen so außerordentlichen Erfolg hatten.

Bei dieser Taktik haben die Neurobiologen, die sich für die Probleme der Differenzierung, der Struktur und der Wirkung der Nervenzellen interessierten sowie für die Analysen der Abläufe, die den Funktionen neuronaler Aggregate übergeordnet sind, insbesondere derjenigen, die in direktem Zusammenhang mit dem Lernen stehen, die einfachen Modelle der dafür besonders geeigneten Organismen verwendet. Das waren solche, die sich wegen ihrer geringen Größe, ihres raschen Fortpflanzungszyklusses und der Einfachheit ihrer Nervenschaltungen und ihres Verhaltens dafür anboten, wie zum Beispiel Würmer, einige Gliederfüßer oder Arthropoden und Mollusken aus dem Ozean.

Bei diesen Lebensformen, die für die Erforschung der genetischen Grundlagen von Aufbau und Funktion des Nervensystems herangezogen worden sind, handelt es sich um Organismen auf der untersten Stufe der phylogenetischen Skala. Bei ihnen besteht das gesamte System nur aus wenigen hundert bis tausend Zellen; dadurch läßt sich an ihnen die vollständige Abfolge aller Prozesse der Fortpflanzung, der Differenzierung und Funktion besonders gut studieren.

Der winzige Fadenwurm, lateinisch *Caenorhabditis elegans (C. elegans)*, der Seehase *Aplysia* und die kleine Fliege *Drosophila melanogaster* lieferten sehr interessante Modelle für die Erforschung der Entwicklung des Nervensystems von der ersten Teilung der befruchteten Zelle bis hin zum voll ausgewachsenen Organismus: ein Ziel, das bei Exemplaren der niederen und höheren Wirbeltiere, deren Nervensystem aus Milliarden Zelleinheiten besteht, selbstverständlich niemals durchführbar wäre.

Der Neurophysiologe E. Kandel[28] bediente sich der *Aplysia*, um auf struktureller und physiologischer Ebene die Grundlagen der Verhaltensphänomene zu studieren. Bei diesem Seehasen besteht das Nervensystem nur aus 20 000 Neuronen, die relativ groß sind. Wenn auf einen anderen Teil seines Organismus ein Reiz ausgeübt wird, reagiert er beispielsweise darauf, indem er die Kiemen zurückzieht, den Mantel oder die Rückenröhre in Falten legt. Wird dieser Reiz wiederholt ausgeübt und ist er nicht mit schädlichen Wirkungen verbunden, läßt die *Aplysia* ihn unbeachtet.

Diese Studien wurden vom Autor als typisch für den Prozeß des Einprägens dargelegt, da dieser nicht wie bei den Wirbeltieren in der Verarbeitung des Lernens durch komplexere Nervenstrukturen gründet. Bei den Wirbeltieren erfordert das Lernen die Mitwirkung sehr komplexer Strukturen, die auf der Ebene des Zentralnervensystems angesiedelt sind.

Der Neurophysiologe Eccles drückt dies auf folgende Weise aus: »So wunderbar das Nervensystem eines wirbellosen Tiers wie zum Beispiel des Blutegels, der *Aplysia* und der Krake auch sein mag, es wird niemals ein Modell sein, das an das menschliche Gehirn mit seinen konzeptionellen und kognitiven Möglichkeiten sowie seiner Fähigkeit zu Willen und Selbstbewußtsein heranreicht. Dennoch sind die Untersuchungen auf dieser Ebene von großer Bedeutung, denn die Kenntnis dieser grundlegenden Einheiten und ihrer einfachen Verbindungen untereinander trägt dazu bei, daß wir die Funktion der komplexeren Nervensysteme verstehen ...«[29]

Bei den höheren Organismen ist das Lernen, das heißt der Prozeß, mit dem man neues Wissen erwirbt, auf der Struktur- und Verhaltensebene auf das engste mit dem Gedächtnis verbunden, wodurch die erworbenen Kenntnisse bewahrt werden.

Auf Zell- und Molekularebene haben die Studien der

modernen Neurobiologie bewiesen, daß die Phänomene der Wissensaneignung (und zwar sowohl während des Entwicklungsstadiums als auch nach Abschluß der Gehirnreifung) von morphologischen, biochemischen und molekularen Veränderungen zu Lasten bestimmter Neuronengruppen begleitet werden.

Lernen und Gedächtnis sind bei den Säugetieren und insbesondere bei den Primaten grundlegende Funktionen des Gehirns und erreichen ihren höchsten Ausdruck im Gehirn des Homo sapiens.

In der zweiten Hälfte des 20. Jahrhunderts wurden zwei Strukturen ermittelt, die bei der Lokalisierung des Gedächtnisses eine entscheidende Funktion innehaben. Sie sind auf der inneren Fläche des Lobus temporalis in den beiden Hirnhälften (Hemisphären) angesiedelt und sind unter der Bezeichnung *Hippokampus* und *Amygdala* bekannt. Beide gehören zum limbischen System.

Hippokampus bedeutet »Seepferdchen«, und Amygdala heißt »Mandel«, beides Begriffe, die aus der griechischen Sprache stammen.

Die Strukturen des Gehirns, die für die Regulierung und Modulation der von Instinkt und Gefühl bestimmten Verhaltensaspekte zuständig sind, und besonders die limbischen Areale des Cortex spielen bei den Erinnerungsvorgängen eine grundlegende Rolle.

Aus einer Reihe von Experimenten ergab sich, daß nach der chirurgischen Entfernung des Hippokampus ein Verlust des Gedächtnisses bei dem behandelten Tier keineswegs festzustellen war. Dennoch besteht auch weiterhin die Auffassung, daß gewisse Nervenstrukturen, wie zum Beispiel der Hippokampus, eine entscheidende Rolle bei der Erfassung und Abrufung der Erinnerungen spielen. Daher rufen Verletzungen oder Verluste in diesen Arealen schwere Gedächtnisstörungen hervor.

Was geschieht, damit die Wahrnehmungen als Erinnerungen gespeichert werden? Obwohl der Hippokampus und die Amygdala einander ersetzen können, wenn man lernt, einen Gegenstand wiederzuerkennen, scheint der Hippokampus besonders wichtig beim Erlernen räumlicher Beziehungen zu sein, während die Amygdala diese Rolle bei den zeitlichen Beziehungen spielt.

Die Verbindungen zwischen der Amygdala und dem Hippokampus, aus denen mit großer Wahrscheinlichkeit die emotionalen Reaktionen erfolgen, ermöglichen, daß die Emotionen das Lernen beeinflussen, und zwar durch die Aktivierung der beidseitigen Verbindungen zwischen der Amygdala und den sensorischen Bahnen. Die Existenz solcher Verbindungen läßt begreifen, warum ein einziger Reiz, wie zum Beispiel der Duft einer Speise, ihr Aussehen oder ihr Geschmack Erinnerungen erneuern kann.

Man nimmt heute an, daß die Erinnerungen keinen bestimmten Sitz im Gehirn haben, sondern davon abhängen, daß weiträumige kortikale und subkortikale Areale in Aktion treten sowie eine Interaktion zwischen den Neuronenkarten stattfindet.

Das Gedächtnis, wie man es heute begreift, unterscheidet sich von dem klassischen Konzept, das dahin tendierte, es als ein Objekt für sich darzustellen, als eine im Geist angesiedelte Sache, eine Spur, eine Wiederholung ursprünglicher Erfahrungen, eine Fotografie, ein weiches Wachs, in dem die Eindrücke wie ein Siegel eingeprägt wurden.

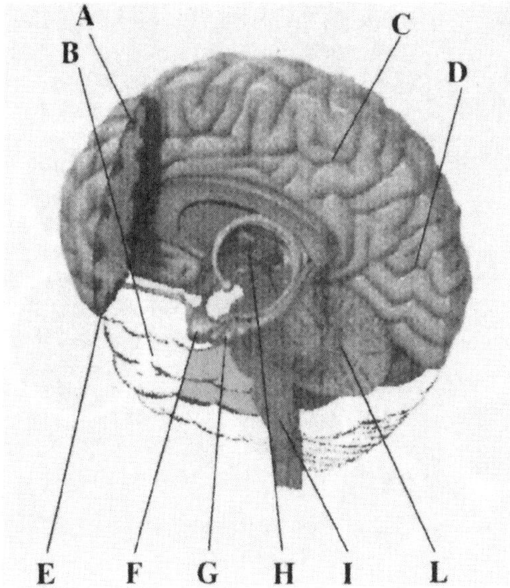

Abb. 3
A = Lobus frontalis
B = Lobus temporalis
C = Lobus parietalis
D = Lobus occipitalis
E = Cortex
F = Amygdala
G = Hippokampus
H = Thalamus
I = Limbisches System
L = Kleinhirn

Cortex	[Hirnrinde] ist der äußerste Teil des Gehirns. Er besteht aus einer grauen Substanz, die nur wenige Millimeter dick ist und die Oberfläche der Hemisphären bedeckt.
Lobi temporali	[Schläfenlappen] sind den Funktionen des Hörens, Riechens und des Neurovegetativen übergeordnet.
Lobi frontali	[Stirnlappen] kontrollieren die Bewegungen und die Mechanismen, welche der Bildung der gesprochenen und geschriebenen Sprache zugrunde liegen.
Lobi parietali	[Scheitellappen] empfangen und verarbeiten die Informationen der Sinnesorgane (Geschmack und sensorische Reize).
Lobi occipitali	[Hinterhauptslappen] ermöglichen die visuelle Wahrnehmung.
Amygdala	ist für die emotionalen Äußerungen zuständig und steht in enger Verbindung mit anderen Hirnzentren des limbischen Systems.
Hippokampus	festigt die jüngsten Informationen, indem er das Kurzzeitgedächtnis ins Langzeitgedächtnis umwandelt.
Thalamus	[Hauptteil des Zwischenhirns] empfängt die Informationen, die von den fünf Sinnen herkommen und übermittelt sie an die jeweiligen Zentren des Cortex.
Limbisches System	ist allen Manifestationen übergeordnet, die für das Überleben des Individuums und der Spezies eine herausragende Rolle spielen (Affektivität, Sexualität und Aggressivität).
Kleinhirn	koordiniert die Aktivität des Muskelsystems und reguliert die Bewegungen der Gliedmaßen und des Körpers.

Auf welcher Ebene kommt die Fähigkeit zustande, die Nervenimpulse, die durch Millionen afferenter Fasern zusammenströmen, in visuelle, akustische, taktile und olfaktorische Wahrnehmungen umzuwandeln und in die unendliche Palette emotioneller Zustände und kognitiver Prozesse zu übertragen, die aus diesen Wahrnehmungen gespeist werden? Welche Beziehung besteht zwischen dem Denken, dem Gedächtnis und den Hirnfunktionen?

»Ob es sich nun um eine visuelle Wahrnehmung handelt«, schreibt R.W. Sperry, »wie zum Beispiel die Menge der statischen oder in Bewegung befindlichen Objekte, die man aus einem Fenster betrachtet, oder um die lebendige Erinnerung an eine früher erlebte Szene oder um eine optische Täuschung, einen Traum oder eine Halluzination, im Gehirn gibt es wahrscheinlich keine Entsprechung der gesehenen, erinnerten oder, wie im Fall der Halluzination, der erfundenen dreidimensionalen Szene. In gewisser Weise wird die gesamte Szene rekonstruiert, umgewandelt und in der Sprache der Hemisphären kodifiziert.«[30] Den Kode dieser Sprache zu dechiffrieren, ist das begehrteste Ziel des Neurobiologen. Während Sperry die heute am stärksten verfolgte chemische Richtung diskutiert und die Hypothese erwägt, daß diese Eigenschaften nicht das Privileg bestimmter Neuronen der Hirnrinde, sondern allen Nervenzellen gemeinsam scien, behauptet er: »Wir haben auf eine andere Karte gesetzt und sind daher von der Voraussetzung ausgegangen, daß die höchsten Funktionen des Nervensystems, wie zum Beispiel Lernen und Gedächtnis, auf der Ebene der Gehirnschaltungen stattfinden und deshalb ausschließlich dort erforscht werden müssen.«

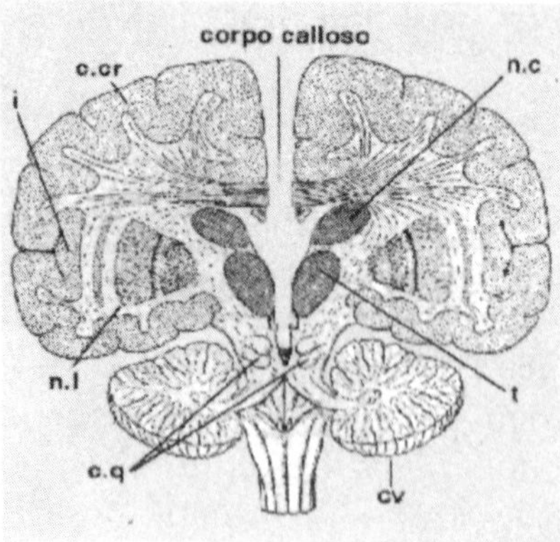

Abb. 4 – Das Diagramm veranschaulicht die Sektionen der Kommissurensysteme in den beiden Hemisphären des Gehirns, des Mittelhirns und des Kleinhirns, die von Sperry und Mitarbeitern an Katzen und Affen durchgeführt wurden. In der Mitte ist die Sektion des Corpus callosum (Balken) aufgezeigt, der auch als große Commissur bekannt ist.
c.cr = Hirnrinde (Cortex); c.q = Lamina quadrigemina (Mittelhirn); cv = Kleinhirn; i = Insula; n.c = Nukleus caudatus (Schwanzkern); n.l = Nukleus lentiformis (Linsenkern); t = Thalamus.

Nach dieser Auffassung ist keine Nervenzelle, inklusive die Zellen in der menschlichen Hirnrinde, zu Wahrnehmungen, emotionalen Reaktionen und zum Denken fähig. Alle diese Eigenschaften sind vielmehr eine Funktion, die aus dem gesamten kortikalen System und dessen neuronalen Systemen entsteht. Aus diesem Grunde kann nur die Analyse der Zellkomplexe und der Schaltungen, die sie miteinander verbinden, einen Beitrag zur Erforschung der geistigen Prozesse leisten.

Die Originalität, mit der Sperry seine Experimente in Angriff nimmt, sowie die Qualität der von ihm erzielten Ergebnisse sind von grundlegender Bedeutung. Zu Beginn der Forschungen stand die Beobachtung – eine der ältesten auf dem Gebiet der Neuroanantomie –, daß die beiden Hemisphären des Gehirns durch zahlreiche Bündel von Nervenfasern miteinander verbunden sind. Das größte von ihnen, das auch als »die große Kommissurenbahn« bezeichnet wird, ist der Corpus callosum, ein kräftiges Nervenfaserbündel, das bei den Säugetieren die Gehirnhälften miteinander verbindet und dessen Volumen, parallel zu der Vergrößerung des Umfangs der Hemisphären, wächst. Bei unserer Spezies besteht es aus zweihundert Millionen Fasern.

Welche Funktion hat diese große Kommissurenbahn?

Die Feststellung, daß die Resektion des Corpus callosum im Hinblick auf das Verhalten und die Nervenfunktionen der Tiere keine erkennbaren Veränderungen verursachte, führte zu Zweifeln darüber, ob sie in Wirklichkeit überhaupt eine wichtige Funktion ausübte. Diese Hypothese schien in den vierziger Jahren bestätigt, als man aus irgendwelchen zufälligen Anlässen Autopsien an Verstorbenen vornahm und dabei das angeborene Fehlen des Corpus callosum entdeckte. Die Vergangenheit dieser Individuen hatte nämlich keinerlei Anomalien in ihrem Verhalten oder irgendwelche nennenswerten intellektuellen Defizite zutage gebracht. Über die mysteriöse Funktion dieses großen Kommissurensystems scherzend, hatte der große Physiologe McCulloch die Hypothese aufgestellt, sie diene zu nichts anderem, als bei Individuen, die an dieser Pathologie litten, die epileptischen Anfälle von der einen Hemisphäre zur anderen weiterzuleiten. Und der Gründer der amerikanischen Psychologie, K. S. Lashley,[31] hatte 1950 eine noch weiter abweichende Meinung über dieses System vertreten, als er ihm die mechanische Funktion zuschrieb, die beiden Hemisphären zusammenzuhalten und sie davor zu bewahren, daß sie ihrem eigenen Gewicht nicht standhielten und sich dann zur Seite zu neigten.

In dieser Atmosphäre der Skepsis und Gleichgültigkeit, die sich im Zusammenhang mit der großen Kommissurenbahn entwickelte, begann Sperry, ihre Funktion mit experimentellen Methoden zu erforschen. Die wichtigste Tatsache, die aus diesen Untersuchungen resultierte, ist die, daß die große Kommissurenbahn die Informationen, die eine Hemisphäre erhält, sofort an die andere weiterleitet, und bei den Vorgängen, die zur Vereinheitlichung der Persönlichkeit des Individuums führen, eine wesentliche Rolle spielt. Diese Funktion gewinnt von den niedrigsten bis zu den höchsten Wirbeltieren immer mehr an Bedeutung. Auf der Stufe des Menschen eröffnet die Erforschung dieses Systems die Möglichkeit, das wichtigste und komplizierteste Problem auf dem Gebiet der Neurobiologie zu untersuchen: das Problem des Bewußtseins und des Geistes.

Die Resultate der Experimente leisteten zwar keinen Beitrag zu dem bisher ungelösten Problem der Natur des Engramms und seiner Lokalisierung, aber sie lieferten den ersten Beweis für eine Tatsache, die vor diesen Forschungen vollständig unbekannt war, daß nämlich beide Gehirnhälften wie zwei vollständig autonome Einheiten funktionieren können, die unabhängig voneinander dazu imstande sind wahrzunehmen, zu lernen und sich zu erinnern.

Die chirurgische Resektion der großen Kommissurenbahn und anderer interzerebraler kleinerer Kommissurenbahnen wie zum Beispiel der vorderen Bahn, die beim Menschen zwischen den beiden mittleren telenzephalischen Massen liegt, hat sich im Falle von Patienten, die an schweren Formen der Epilepsie litten, von großem therapeutischen Nutzen erwiesen. Die Epilepsie, eine Krankheit des Nervensystems, die in schweren Fällen bekanntermaßen äußerst dramatische Formen annehmen kann und von Krämpfen, Darmsymptomen und Bewußtseinsverlust gekennzeichnet ist, kann sehr wohl das Leben eines Menschen, der an einer derartigen Anomalie leidet, in Gefahr bringen. Experimente, die an Affen durchgeführt wurden, haben bewiesen, daß die epileptischen Störungen, die auf einer Seite des Körpers begonnen hatten, sich infolge der Resektion der großen Kommissurenbahn nicht auf die gegenüberliegende Seite ausbreiteten. Man verlegte sich daher bei Patienten, die von einem schweren Epilepsiesyndrom befallen waren, auf die chirurgische Resektion der großen Kommissurenbahn. Die Ergebnisse eines solchen Eingriffs führten nicht zu Beeinträchtigungen der intellektuellen Fähigkeiten, sondern eliminierten die Gefahr, daß die Krankheit zum Verlust des Bewußtseins führte. Der Unterschied in den funktionalen Leistungen der beiden Gehirnhemisphären und der Rollen, die sie ausüben, ging aus den psychologischen Untersuchungen hervor, denen die Patienten unterzogen wurden.

»Am menschlichen Gehirn«, schreibt Sperry, »wird ein später Versuch der Evolution ersichtlich, den Nachteilen entgegenzuwirken, die aus einer Duplikation der Hirnzentren herrühren, die beide für die gleichen Funktionen der beiden Seiten des Körpers zuständig sind. Ist es notwendig, eine rechte und eine linke Hemisphäre zu haben, um Müdigkeit oder Zorn, Traurigkeit oder Begeisterung zu empfinden oder um zu wissen, ob ein bestimmtes Essen salzig schmeckt, etc.?«[32]

Gewiß wären viele von uns damit zufrieden, wenn wir nur über einen einzigen Mechanismus verfügten, der Angst auslöst, der möglichst in der kleineren Hirnhemisphäre angesiedelt wäre. Im Gegensatz zu den übrigen Säugetieren und den subhumanen Primaten manifestiert sich diese Deduplikation beim Menschen durch die Lateralität der für das gesprochene und geschriebene Wort zuständigen Zentren. Sie sind beide in der dominanten Hemisphäre angesiedelt, die bei der Mehrheit die linke ist.

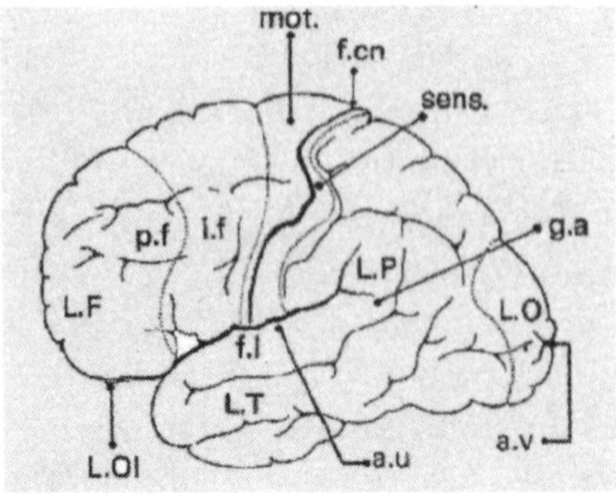

Abb. 5 – Seitenansicht der linken Hemisphäre des menschlichen Gehirns. Die Hauptfurchen sind mit kräftigeren Linien gekennzeichnet; die Grenzen der Hauptregionen sind mit gestrichelten Linien markiert.
a.u = Hörregion; a.v = Sehregion; f.cn = Sulcus centralis (zwischen der präzentralen motorischen und der postzentralen sensorischen Region); f.l = Sulcus lateralis; g.a = Gyrus angularis; i.f = Zwischenregion des Lobus frontalis; L.F = Lobus frontalis; L.O = Lobus occipitalis; L.OI = Lobus des Riechvermögens; L.P = Lobus parietalis; L.T = Lobus temporalis; mot. = motorische Zone; sens. = sensorische Zone; p.f = präfrontale Region des Lobus frontalis.
(aus: J.I. Herrick, *The Evolution of Human Nature*, University Press, 1956)

Aus den erfolgten Experimenten hat sich ergeben, daß die rechte Hemisphäre in vielerlei Hinsicht ähnlich wie die linke strukturiert ist. Zwar fehlt ihr die Fähigkeit, mit Hilfe der Sprache zu kommunizieren, aber sie weist bei der Wahrnehmung von räumlichen Beziehungen höhere Fähigkeiten auf als die dominante Hemisphäre.[33]

Auf der Grundlage dieser Ergebnisse und auch jüngerer Untersuchungen an Individuen mit intaktem Gehirn wurde in bezug auf die Funktionen von Schrift und Sprache die Auffassung von einer dominanten linken Hemisphäre ersetzt durch das Konzept einer komplementären Spezialisierung (bei Rechtshändern). Die rechte Hirnhemisphäre ist im Falle der räumlichen Wahrnehmung der linken überlegen, ebenso bei der Fähigkeit, den sensorischen Input des Sehens, Riechens, Hörens und des körperlichen Fühlens in seiner Gesamtheit zu verarbeiten, anstatt alles in seine Bestandteile zerlegen zu müssen.

Die linke Hemisphäre zeichnet sich, wie gesagt, bei all den Tätigkeiten und Funktionen aus, die mathematische, symbolische oder analytische Talente erfordern. Dagegen verfügt die rechte über ausgeprägtere »holistische«, also ganzheitliche Fähigkeiten und bedient sich bei der Verarbeitung von sensorischen Informationen einer direkteren und schnelleren Taktik als die linke Hemisphäre.

Diese Resultate, die aus Untersuchungen stammen, die an Patienten mit durchtrennten Gehirnhälften durchgeführt worden sind, wurden bestätigt und beträchtlich erweitert durch die Studien am intakten Gehirn. Letztere wurden nämlich mit Techniken durchgeführt, die es ermöglichten, die visuellen und akustischen Informationen in den beiden Hemisphären getrennt aufzuzeichnen. Sperry stellte sich die Frage, ob der Unterschied zwischen den beiden Hemisphären angeboren ist oder sich während der fortschreitenden Gehirnreifung, die beim Menschen gegen Ende des ersten Lebensjahrzehnts aufhört, schrittweise verwirklicht. Die Schlußfolgerungen gehen zugunsten der zweiten Hypothese. Es ist nicht nur bekannt, daß bei linkshändigen Individuen üblicherweise die rechte Hemisphäre vorherrscht, sondern daß es im Falle von Verletzungen der Sprachzentren, die in der rechten Hemisphäre angesiedelt sind, hinsichtlich von Wort oder Schrift zu keinerlei Defizit kommt, wenn die Verletzung während der ersten beiden Lebensjahre stattgefunden hat.

Dieser Befund verdankt sich nicht der Regenerierung der verletzten Zentren, sondern der stellvertretenden Tätigkeit der in der rechten Hemisphäre vorhandenen Zentren. Wenn die Verletzung zwischen dem zweiten und zehnten Lebensjahr eintritt, findet die Wiederherstellung nur partiell statt und ist in späteren Zeitabschnitten überhaupt nicht mehr möglich. In den seltenen Fällen der Agenesie des Corpus callosum, das heißt bei angeborenem Fehlen der großen Kommissurenbahn, entwickeln sowohl die rechte als auch die linke Hemisphäre zu gleichen Teilen die Fähigkeit zur Sprache.

Sperry stellte die Hypothese auf, daß die dominante, also die linke Hirnhemisphäre die Entwicklung der rechten Hälfte durch hemmende Mechanismen unterdrückt.

Diese Untersuchungen haben bewiesen, daß die Fähigkeiten des Lernens und andere, wie beispielsweise die des Erinnerns, in den beiden Hemisphären angesiedelt sind und über die neokortikalen Kommissuren von der einen zur anderen Hirnhälfte übertragen werden. Dabei spielt die große Kommissurenbahn oder Corpus callosum die vorrangigste und wichtigste Rolle.

In welcher Form ist die Information kodifiziert, wie wird sie übermittelt und von den empfangenden Stationen entschlüsselt? Werden dabei begrenzte Areale herangezogen oder solche, die über den gesamten Neocortex verteilt sind? Wo und in welcher Form ist das Gedächtnis angesiedelt, und wie funktioniert der Mechanismus des Gedächtnisses selbst?

Die Analyse war und ist auch gegenwärtig Gegenstand immer gründlicherer Untersuchungen, die sich neuer, und zwar nicht-invasiver Techniken bedienen, welche Forschern heute zur Verfügung stehen.

Neuronale Plastizität

Das Organ des Gehirns führt außerordentlich zahlreiche Funktionen aus.

Eine solche funktionale Vielfalt erfordert eine Organisation, die vielfältig und präzise in der Struktur, aber flexibel und anpassungsfähig in den Antworten ist. Dies ist von grundlegender Bedeutung, da das Nervensystem das Organ ist, das für die Ausarbeitung der geeignetsten Vorgehensweisen zuständig ist, um die funktionale Unversehrtheit des Organismus zu erhalten, obwohl ein ständiger Wechsel sowohl in den inneren wie auch äußeren Bedingungen stattfindet.

Diese Funktionen werden immer dann wichtig, wenn das Nervensystem der Notwendigkeit einer funktionalen Neuorganisation entsprechen muß, die sich aus Änderungen ergibt, die traumatischen, metabolischen oder vaskulären Ursprungs sind.

Wenn das Phänomen, das als »Plastizität« bekannt ist, auch eine feststehende Eigenschaft der lebenden Materie ist, erhält sie doch im Falle des Nervensystems den größten Wert und realisiert sich auf allen Ebenen, von der subzellularen bis zur Ebene des Verhaltens.

Die plastischen Eigenschaften des zentralen Nervensystems sind in all seinen Komponenten enthalten, von der elementaren Einheit, dem Neuron, zu den Schaltungen, die verschiedene Abschnitte des zerebrospinalen Nervenkomplexes über kürzere oder längere Entfernungen miteinander verbinden, bis hin zu den Kernen und den operativen Einheiten der oberen Gehirnzentren.

Bis vor wenigen Jahrzehnten stimmten die Erforscher des Nervensystems damit überein, was Ramón y Cajal Anfang des Jahrhunderts behauptet hatte: »... die Nervenbahnen sind festgelegt, abgeschlossen und nicht veränderbar. Alles kann sterben, nichts kann regeneriert werden ...« Dieses Dogma zerbrach jedoch, als der Beweis erbracht wurde, daß die Komponenten des peripheren und des zentralen Nervensystems nicht auf irreversible Art und Weise im genetischen Programm fixiert sind. Vielmehr passen sie sich den Umweltreizen von beträchtlicher Tragweite an, und zwar nicht nur am Anfang ihrer Entwicklung, bei abgeschlossener Differenzierung, sondern auch – und das ist ein noch bemerkenswerteres Phänomen – in der Altersphase.

Diese Eigenschaft ist bei der menschlichen Spezies von größter Bedeutung, ob es sich nun um die Wiederherstellung der körperlichen Funktionen oder derjenigen handelt, die die Grundlage für die geistigen Aktivitäten bilden.

Zwei typische Beispiele der neuronalen Plastizität lieferten die folgenden Experimente, die auf völlig unterschiedlichen Gebieten durchgeführt wurden.

Das zeitlich erste Experiment führte zu der Entdeckung der Wirkung, die ein Proteinmolekül, bekannt auch als Nerve Growth Factor (NGF), in den peripheren Nervenzellen hervorruft, die für den Einfluß des NGF empfänglich sind. Dieser beschleunigt einerseits die Differenzierungsprozesse und leitet andererseits den normalen Verlauf der Nervenfasern dieser Zellen zu den Anhäufungszonen um, die vom NGF-Faktor künstlich produziert werden.

Das zweite Beispiel zeigt die Wichtigkeit der Funktion in der Bestimmung des normalen Verlaufs der Nervenfasern in frühen Entwicklungsperioden. Bei neugeborenen Kätzchen bewirkt das kurzzeitige Verschließen eines Auges den irreversiblen Verlust des Sehvermögens des nicht sehenden Auges. Histologische Studien erläuterten den Grund für diesen Verlust, wie auf dem hier abgebildeten Diagramm veranschaulicht wird.

Diese beiden Beispiele zeigen, wie die Kapazität der Nervenfasern bei Organismen, die sich in der Entwicklung befinden, auf die Anfangszeit der Neurogenese beschränkt ist.

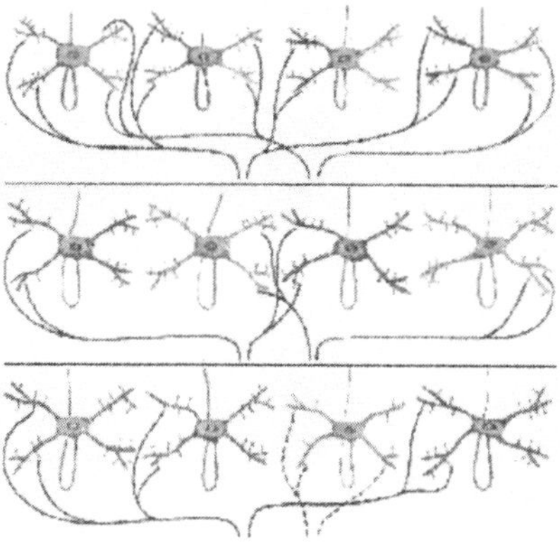

Abb. 6 – Die Reorganisation der Verbindungen zwischen Neuronen während der Entwicklung führt zu Variationen der Okulardominanz. Die Farben unterscheiden die Wege der Signale, die von verschiedenen Augen eintreffen. Bei einer eine Woche alten Katze (oben) erhalten viele Neuronen Signale aus beiden Augen. Wenn die Katze normal aufgezogen wird (Mitte), trennen sich die Achsenzylinder der seitlichen Nuclei geniculati[34] in Reihen, die jeweils einem einzigen Auge entsprechen. Wenn ein Auge abgedeckt wird (unten), stellt ein Großteil der Neuronen Kontakte mit den Achsenzylindern der Nuclei geniculati her, die von aus dem aktiven Auge stammenden Signalen betroffen sind, und schließlich nur noch von diesem einen Auge beantwortet werden.
(aus: C. Aoki, P. Siekevitz, *La plasticità del cervello*, Mailand 1992, S. 69)

Wenn im Zentralnervensystem eine partielle Läsion der Neuronenschaltungen stattfindet, sterben die beschädigten Zellen ab, und das vorher von diesen Zellen innervierte, das heißt mit Nerven und Nervenreizen versehene Gewebe befindet sich nun in einem Zustand der partiellen Denervierung. In dieser Situation senden die unverletzten Neuronen, die sich in der Umgebung der degenerierten Zellen befinden, aus ihren Achsenzylindern neue Nervenfortsätze aus, die auf das denervierte Gewebe zusteuern. Sie nehmen die freien synaptischen Areale ein und stellen dabei stufenweise die Aktivität der Schaltung wieder her. Dieser Prozeß der Wiederherstellung oder besser der Reparatur entfaltet sich in der Anfangsphase der postnatalen und jugendlichen Entwicklung zu höchster Stufe und wird in den folgenden Phasen dann zunehmend schwächer. Aber er bleibt auch im Stadium des Erwachsenseins bestehen und hält selbst in der Altersphase an, wenngleich er sich weniger dramatisch gebärdet als in den Anfangsphasen der Neurogenese.

Im vergangenen Jahrhundert sah man das Phänomen der Plastizität auf die Verästelung der Dendriten beschränkt. Das ist eine Struktur, die nicht festgefügt ist, sondern die Verkürzung der einzelnen Dendriten zuläßt, und zwar unter physiologischen Bedingungen wie dem Schlaf, dem Winterschlaf und der plötzlichen Absenkung der Umwelttemperatur sowie bei anderen Veränderungen, die wie jene des oben erwähnten Phänomens sowohl im Gehirn eines Erwachsenen wie auch eines Greises stattfinden. Über Beispiele des entgegengesetzten Phänomens, etwa einer möglichen Zunahme der Länge in den Verästelungen der Dendriten, wurde nicht berichtet. Die Eigenschaft der Dendriten, ihr baumartiges Wachstum größer auszudehnen, ist in jüngerer Zeit von einigen Forschern der Universität Rochester bewiesen worden. Ein Artikel von D.J. Selkoe nimmt darauf Bezug: »In der Funktion der Synapsen kann die Aktivität die Anzahl sowie die Lokalisierung der Synapsen selbst verändern ... es scheint, daß das Gehirn auch im hohen Alter in der Lage ist, die Verbindungen zwischen Neuronen dynamisch umzugestalten. Allerdings konnte die Funktionalität der Dendriten, die im Alter in Erscheinung treten, noch nicht bestimmt werden. Über die Veränderungen in Anzahl und Struktur des Zellkörpers und der Neuriten hinaus können die Neuronen äußerst überraschende Veränderungen in ihrer inneren Architektur erfahren ...«[35]

T. Bliss und T. Lømo bewiesen 1973 in ihrem Labor in Oslo, Norwegen, daß die Neuronen des Hippokampus über bemerkenswerte plastische Eigenschaften verfügen. Die wiederholte Tätigkeit von Aktionspotentialen auf synaptischer Ebene löst eine Zunahme der interaktiven Kraft zwischen prä- und postsynaptischen Komponenten aus. Diese Verstärkung wurde von den Autoren mit der Abkürzung LTP bezeichnet (Long Term Potentiation). Es handelt sich um einen Prozeß, der die Grundlage für die Phänomene des Lernens und des Gedächtnisses bildet.

Ein weiterer Beweis für die neuronale Plastizität wurde in jüngerer Zeit mit nicht-invasiven Techniken auch bei Menschen erbracht. Die Organisation der Zellen im Cortex und ihre Verteilung auf verschiedene Teile des Gehirns, die sensorischen oder motorischen Arealen entsprechen, unterliegt infolge des Gebrauchs und Nichtgebrauchs der oben genannten Funktionen einer Modifizierung.

Diese Areale werden topographisch dargestellt durch eine Organisation, die mit dem Begriff Karte bezeichnet wird (visuell, somatisch-sensorisch und auditiv).

Die Informationen, die aus der räumlichen Anordnung der einzelnen Bereiche des Cortex gewonnen werden, lassen sich, ähnlich wie bei einer geographischen Karte, durch Niveaulinien darstellen.

Eine Karte besteht aus einer Reihe von untereinander verbundenen Neuronengruppen, die auf bestimmte elementare Kategorien in der visuell erfaßbaren Welt, wie zum Beispiel Bewegungen und Farben, selektiv reagieren. Da das Gehirn sensorische Botschaften fast augenblicklich in Wahrnehmungen verwandelt, erfordert die Bildung von Karten die gemeinsame Teilnahme von Hunderten von Neuronengruppen. Einige der Kategorisierungen oder Aufnahmen finden in einzelnen Zonen der Hirnrinde statt, die anatomisch festgelegt sind. Beispielsweise verfügt das visuelle System über dreißig Karten, die unter anderem der Darstellung von Farben, Bewegungen, Formen etc. vorbehalten sind.

Die Organisation dieser Karten hängt normalerweise von der Anordnung der neuronalen Verbindungen ab, die von den peripheren Verbindungen zu den synaptischen und von dort zu den darauffolgenden Zielorten geht.

F. Benedetti bringt dies folgendermaßen zum Ausdruck: »Was die Mechanismen angeht, die den Veränderungen zugrunde liegen ... scheint es mittlerweile sicher, daß diese Veränderungen nicht nur auf kortikaler Ebene vor sich gehen, sondern auch auf der Ebene verschiedener subkortikaler Kerne. Die Neuorganisation im Cortex spiegelt wohl diese Veränderungen wider, die stattfinden, bevor die sensorischen Projektionen den Cortex selbst erreichen. Sowohl die strukturellen als auch die funktionellen Grundlagen dieser Veränderungen sind nicht bekannt, aber es erscheint sicher, daß in der Entwicklungsphase und im Erwachsenenstadium unterschiedliche Mechanismen zum Tragen kommen. Während der Entwicklung scheint nämlich die drastische Neuorganisation der Nervenschaltungen von der Einbeziehung neuer Nervenbahnen und -enden bedingt zu sein. Beim Erwachsenen dagegen lassen die Schnelligkeit (nur wenige Stunden) und die

Begrenztheit der Veränderungen vermuten, daß bereits bestehende stille Neuronenschaltungen lediglich aktiviert werden. Oder man denkt dabei an sehr kleine strukturelle Veränderungen.«[36]

Die neuronale Plastizität lüftet zwar nicht das Geheimnis des Begriffspaars Gehirn–Geist, läßt es aber noch faszinierender erscheinen, wenn es auch immer schwerer zu erklären ist.

Der Geist: Hardware und Software

Mit der Entdeckung der Kommunikation traten bei der menschlichen Spezies durch die Verwendung von gesprochenen und geschriebenen Symbolen einige Merkmale derjenigen Tätigkeiten zutage, die als ausschließliches Vorrecht der Angehörigen unserer Spezies betrachtet werden. Dennoch hat man über viele Jahrhunderte niemals versucht, die strukturellen Grundlagen unseres Geistes zu analysieren, da man seinen Ursprung immer dem Übernatürlichen zugeschrieben hat.

Das vorrangige Ziel des heutigen Forschers, das man auch als das Problem Nummer eins der Neurobiologie bezeichnen kann, ist, eine Erklärung der Beziehungen zu finden, die zwischen Gehirn und Geist bestehen.

Die Anwendung neuer Techniken, die sehr viel höher entwickelt sind als die, die uns in früherer Zeit zur Verfügung standen, sowie der Zusammenschluß all der Disziplinen, die die Erforschung des Gehirns (Neurologie) und des Verhaltens (kognitive Psychologie) zum Ziel haben, ermöglichten es, das Paar Gehirn–Geist in Begriffe zu fassen, die der Untersuchung zugänglicher sind als in der vergangenen Zeit. Diese Entwicklungen, bei denen auch leistungsfähige Computer eingesetzt wurden, haben es uns auch gestattet, Bilder aus dem Gehirn zu empfangen. Dadurch erhielten wir erstmals die Möglichkeit, die Natur der im Gehirn ablaufenden Prozesse zu analysieren, vor allem jene, die den Vorgang des Denkens widerspiegeln. Diese neuen Mittel der Untersuchung erlauben nicht nur die visuelle Darstellung und Erforschung geistiger Aktivitäten wie Wahrnehmung, Erinnerung, motorische Kontrolle und Emotionen, sondern sie bieten darüber hinaus dem Forscher zwei Vorteile: Der erste ist die Lokalisierung all jener Gehirnareale, in denen diese Tätigkeiten stattfinden. Und der zweite erlaubt es ihm, die Dynamik und die tatsächliche Zeit der geistigen Prozesse festzustellen, die während solcher Tätigkeiten wie Lesen oder auch anderer Beschäftigungen höherer Ordnung – wie philosophisches Denken, mathematisches Rechnen oder alle Formen kreativer Tätigkeit – ablaufen.

Einer der bekanntesten Neurobiologen der letzten Jahrzehnte, G. M. Edelman, erforschte die Prozesse, die im Gehirn des Homo sapiens bei der Entfaltung kognitiver Tätigkeiten stattfinden, die man dem Phänomen Geist zuschreibt: »Zu den höheren Hirnfunktionen gehören als grundlegende Einheit Wahrnehmungskategorisierung, Gedächtnis und Lernen. (Zwar werden diese Funktionen zur Erleichterung der Betrachtung oft je für sich gesehen; man sollte aber bedenken, daß sie untrennbare Aspekte einer gemeinsamen geistigen Leistung sind.)«[37]

In einem früheren Text behandelt der Autor die Beziehungen zwischen den Ereignissen im Gehirn und der bewußten Erfahrung und legt eine biologische Theorie des Geistes vor, die er »neuronalen Darwinismus« nennt oder »Theorie der Selektion neuronaler Gruppen« (TSNG).[38]

Das Nervensystem habe die schwierige Aufgabe, die gesamte Lebenserfahrung auf der Grundlage einer »somatischen Selektion« (im Darwinschen Sinne) zu klassifizieren und zu kategorisieren. Sie sei derjenigen nicht unähnlich, die im Lauf von Millionen Jahren bei den Organismen aufgetreten ist, werde aber auch durch das bedingt, was bei jedem Individuum im Inneren des Gehirns während seines gesamten Lebens stattgefunden hat. Edelman hebt zwei Arten der Selektion hervor, die sich im Nervensystem abspielen – die eine im Lauf der fötalen Entwicklung und die andere als Folge der Erfahrung. Während der fötalen Entwicklung wird ein einzigartiges Muster für das Neuronennetz gebildet, und nur infolge seiner postnatalen Erfahrung übt das Kind einen starken oder schwachen Einfluß auf die Bestandteile dieses Netzes und der vorhandenen Verbindungen aus, oder es bildet sogar andere, vollkommen neue.

Die Erfahrung ist demnach nicht, wie man allgemein annimmt, passiver Natur. Sie besteht auch nicht aus einer Anhäufung von Eindrücken oder sensorischen Daten, sondern sie ist aktiv und wird von Anfang an vom Organismus aufgebaut.

Die aktive Erfahrung selektiert oder formt aus der komplexeren Verbindung ein neues Muster von Neuronengruppen.

Edoardo Boncinelli beschreibt das in seinem Buch *A caccia di geni* [Auf der Jagd nach Genies] folgendermaßen: »... unser Gehirn entwickelt sich das ganze Leben lang, denn das ganze Leben lang sind wir imstande, Neues zu lernen. Gleichzeitig ist jedoch auch gewiß, daß die Geschehnisse in den allerersten Jahren unseres Daseins unser Gehirn entscheidend prägen. Ein menschliches Wesen, das man daran hindert, bereits von den ersten Lebenstagen an stimulierende und bedeutsame Erfahrungen zu machen, mag zwar ein Gehirn haben, aber keinen Geist. Kurz gesagt, unser Geist ist unser Gehirn, wie es sich in den Jahren unserer Existenz gebildet hat ...«[39]

Demnach ist der Geist als Eigenschaft des Gehirns nichts anderes als eine Komponente, durch die im Menschen die ungeheuer hohe Anzahl neuronaler Schaltungen zur Bildung des höheren Bewußtseins führt (wie das geschieht, ist noch nicht bekannt), das sich im wesentlichen im Selbst-Bewußtsein äußert.

Wie erfolgt nun diese Verbindung zwischen Gehirn, Geist und Verhalten?

Edelman führt hier ein Konzept von bemerkenswerter Relevanz ein: das Konzept von der Funktion der Karten und der reziproken Schaltkreise.

Die Welt ist nicht so angelegt, wie sie uns durch unsere Wahrnehmung der Gegenstände erscheint, denn wir müssen sie durch unsere Kategorisierungen erschaffen.

Die Wahrnehmung erschafft, während wir uns bewegen; unsere Sinnesorgane entnehmen der Welt Proben und erschaffen Karten im Gehirn. Jede Wahrnehmung ist ein kreaktiver Akt. Auf neurologischer Ebene findet ein Überleben des Tüchtigsten statt, das heißt eine selektive Verstärkung derjenigen Karten, die den Wahrnehmungen entsprechen, welche am erfolgreichsten sind in dem Sinne, daß sie sich in bezug auf die Gestaltung der Realität als die nützlichsten und effizientesten herausgestellt haben.

Der Autor stellt fest, die perzeptive Verallgemeinerung sei nicht statisch, sondern dynamisch und hänge von der aktiven und unaufhörlichen Orchestrierung einer Unmenge von Details ab, die wir der riesigen Anzahl von Verbindungen zwischen den verschiedenen Karten zu verdanken haben, die durch mehrere Hundert Millionen von Fasern zustande kommen.

Das Ausmaß an Verbindungen bildet das, was Edelman als reziproke Kopplung bezeichnet und das die ständige Kommunikation zwischen denselben Karten bedeutet.

Die Fähigkeit, Geschehnisse im Geist zu konstruieren, hängt von der Funktion der neuronalen Schaltungen ab, die einen kontinuierlichen Signalaustausch zwischen den Teilen des Gehirns ermöglichen. Auf der einen Seite des Gehirns befindet sich das Gedächtnis für solche Kategorien wie Hitze, Essen und Licht, und auf der anderen fungieren die laufenden Gesamtaufnahmen, die die Wahrnehmungen bereits in dem Moment einer Kategorie zuordnen, in dem sie stattfinden.

Die reziproke Kopplung findet zwischen zwei oder mehr Karten statt, welche die Wahrnehmung des Gegenstands ergeben. Doch entspricht dieses konstruierte Gebilde keiner riesigen Gleichung, da sich die Outputs der unzähligen Karten, die durch diese »Kopplung« verbunden sind, nicht bloß auf der Ebene der Wahrnehmungen gegenseitig ergänzen, sondern auch auf immer höheren Ebenen konstruiert werden. Das Gehirn bringt Karten seiner eigenen Karten hervor, das heißt, es kategorisiert seine eigene Tätigkeit.

Die Konstruktion von Wahrnehmungskarten ist die Fähigkeit, die sich aus dem Signalaustausch ergibt und die den Beginn der psychischen Entwicklung markiert. Sie geht der Entwicklung des Bewußtseins und des Geistes und der Begriffsbildung voraus.

Edelman vergleicht das Gehirn mit einem Orchester ohne Dirigenten, in dem jeder Musiker die Musik auf seine individuelle Weise interpretiert: Ein jeder spielt seine eigene Musik und wird dabei gleichzeitig von den anderen beeinflußt, beziehungsweise es findet eine kollektive kreative Interpretation statt.

Beim Vergleich des menschlichen Verhaltens mit demjenigen der anderen höheren Wirbeltiere vertritt Edelman die Ansicht, daß letztere im Besitz eines primären Bewußtseins sind, das er folgendermaßen bezeichnet: »... der

Zustand, in dem man sich der Dinge in der Welt geistig bewußt ist – also in der Gegenwart geistige Bilder hat. Aber dazu gehört kein Gefühl für Vergangenheit und Zukunft.«

Im Gegensatz dazu gehöre zum Bewußtsein höherer Ordnung, in dessen Besitz nach Ansicht des Autors nur die Menschen sind, »daß ein denkendes Subjekt die eigenen Handlungen oder Gefühle erkennt. Es enthält ein Modell des Personalen, und zwar nicht nur in der Gegenwart, sondern auch in Vergangenheit und Zukunft.« Die morphologische Grundlage dieses Bewußtseins geht mit dem Erwerb eines neuen Typs von Gedächtnis einher, und zwar »mit dem Ergebnis, daß die Vorstellung von sich selbst, von der Vergangenheit und der Zukunft mit dem primären Bewußtsein verbunden werden kann. Und somit wird das Bewußtsein des Bewußtseins möglich.«

Das höhere Bewußtsein erwächst aus dem primären Bewußtsein, ergänzt es, aber ersetzt es nicht. Und es hängt von der evolutionären Entwicklung der Sprache ab, denn mit der Evolution der Sprache, der Symbole und des kulturellen Austauschs begann auch die Fähigkeit zu Verallgemeinerung und Reflexion, so daß es schließlich möglich war, ein Bewußtsein von sich selbst zu erreichen und damit ein Ich in der Welt zu sein. Das höhere Bewußtsein befreit uns von der Sklaverei des Hier und Jetzt, es erlaubt uns zu reflektieren, unsere Gefühle zu analysieren, aus der Kultur und Geschichte zu schöpfen und eine neue evolutionäre und geistige Ordnung zu erreichen.

Der strukturelle Nährboden des primären Bewußtseins besteht aus dem Hirnstamm, der mit dem limbisch-hedonischen System verbunden ist, das heißt jenem System, das unser affektives und sexuelles Verhalten bestimmt. Darin sind Muster des Verteidigungsverhaltens enthalten, die zu dem umfangreichen Netz von Verbindungen mit vielen Organen des Körpers, mit dem endokrinen System und dem autonomen Nervensystem führen.

Der strukturelle Nährboden des höheren Bewußtseins betrifft das thalamokortikale System, das aus vielen Kernen besteht, die über sensorische und zerebrale Signale mit dem Cortex verbunden sind und mit ihm gemeinsam agieren. Das Bewußtsein sei eine Form der Bewußtheit und daher ein Prozeß und keine Substanz, stellt G. M. Edelman fest: »Es ist persönlich (zu einem Individuum oder Selbst gehörig), veränderlich und doch gleich, es hat mit Dingen zu tun, die von ihm unabhängig sind, und es ist in bezug auf die Zeit selektiv, das heißt, es erschöpft nicht alle Aspekte der Dinge, mit denen es sich beschäftigt.« Alles, was sich im Bewußtsein befindet, war nach Edelman einstmals Gegenstand der Reflexion über früheres oder jetziges Verhalten. Das Bewußtsein ist demnach also ein Bewußtsein von den Dingen oder den Ereignissen und daher auch mit Vorsätzlichkeit oder Absicht verbunden.

Läßt sich überhaupt erklären, wie sich der Geist in den Individuen der menschlichen Spezies äußert? Und zwar auf der Grundlage von Modellen, die nicht auf einen computergesteuerten Ansatz zurückgreifen?

Edelman ist nicht der Ansicht, daß der menschliche Geist mit der Softwareverarbeitung eines digitalen Computers à la Turing[40] (Vorläufer der Informatik und Schöpfer des Idealmodells eines Rechners) verglichen werden kann. Die ungeheuer komplexe Struktur und die biologische Individualität des menschlichen Gehirns entzögen sich der Möglichkeit, dieses Organ mit der Datenverarbeitung einer Maschine zu vergleichen, die offensichtlich keinerlei mentale Prozesse aufweist.

Derselbe Autor lehnte zwar das klassische Modell der künstlichen Intelligenz ab, griff aber dennoch auf Supercomputer zurück, mit deren Hilfe die Hirnfunktionen simuliert werden können und die er vorher mit ähnlichen Eigenschaften ausgestattet hatte, wie sie das biologische Gehirn besitzt. Die Manufakte, die in diesem letzten Jahrzehnt ausgearbeitet wurden, nannte man Darwin I, II, III und IV. Einbezogen war ein »noetisches« Verhalten, das weder einprogrammiert noch roboterhaft war, sondern auf einem selektiven System als Grundlage für eine primäre Wertegruppe basierte.

Trotz der Resultate, die durch die ständige Vervollkommnung immer raffinierterer Automaten erzielt wurde, äußert Edelman Zweifel, ob es überhaupt möglich sei, ein mit Bewußtsein ausgestattetes Artefakt zu bauen. Obwohl er keine Zweifel an einer eventuellen Lösung des Rätsels Gehirn-Geist hat, stellt er fest: »... die praktischen Probleme, welche die ›Herstellung‹ von Bewußtsein höherer Ordnung betreffen, liegen so weit außerhalb unserer Reichweite, daß wir uns zur Zeit gar nicht mit ihnen zu beschäftigen brauchen.«

5. Kreativität als Korollar (K = K)

Wenn man unter Kunst das versteht, was gemeinhin als Malerei, Literatur, Architektur und Musik bezeichnet wird, dann ist sie die Vermittlerin und Versöhnerin zwischen Natur und Mensch. Dann verkörpert sie die Macht, die Natur zu vermenschlichen und die Gedanken und Leidenschaften des Menschen allem einzuflößen, was Gegenstand seiner Betrachtung ist.

Samuel Taylor Coleridge[41]

Mit der Entdeckung, daß die Nervenschaltungen die Eigenschaft besitzen, die ihnen von den sensorischen Systemen in sehr abstrakter Form übermittelten Botschaften an die für ihre Verarbeitung zuständigen zerebralen Zentren weiterzuleiten, ist – wie der bekannte Neurobiologe Gunther Stent[42] darlegt – die Hypothese in sich zusammengefallen, daß die Kreativität, die auf wissenschaftlichem Gebiet in der Fähigkeit deutlich wird, neue Phänomene und Gesetze universeller Natur zu entdecken, sich von derjenigen unterscheide, die sich in Kunstwerken offenbart.

Die Kreativität ist das wesentliche Merkmal der Gehirntätigkeiten des Homo sapiens. Von den unzähligen Werken, die unser kulturelles Erbe bilden, bietet sich vor allem die wissenschaftliche Entdeckung mehr als jede andere Manifestation der Kreativität dazu an, die für ihre Entwicklung zuständigen Abläufe im Gehirn zu analysieren. Wenn auch kein Zweifel daran bestehen kann, daß dieselben Mechanismen in die Kreativität auf künstlerischem Gebiet sowie auf allen anderen Gebieten menschlicher Tätigkeit einbezogen sind, waren doch die Prozesse, die sich in der wissenschaftlichen Entdeckung offenbaren, mehr als alles andere Gegenstand der Analyse. Wegen seiner Arbeitsgewohnheiten, die er sich an den Labortischen oder am Schreibtisch erworben hat, ist der Wissenschaftler bei seiner Tätigkeit noch mehr als der Künstler zugleich Akteur und Beobachter. Seine Arbeit kann bereits von ihrem ersten Erscheinen an eine ähnliche Vollkommenheit zeigen wie Minerva, als sie dem Haupt des Jupiter entsprang, oder ihre Unvollkommenheit, die die lange Mühe des schöpferischen Aktes verrät. Ein wesentlicher Unterschied zwischen der wissenschaftlichen Entdeckung und den Kunstwerken besteht darin, daß letztere das Ergebnis der schöpferischen Arbeit eines einzelnen Menschen sind. Es wäre nicht vorstellbar, daß eine Kantate von Bach, ein Gemälde von Raffael oder Dantes *Göttliche Komödie* verändert oder erweitert würden. Im Gegensatz dazu hat die wissenschaftliche Entdeckung zwar ihren Ursprung in der glücklichen Intuition eines einzelnen, wird aber sofort zu einem kollegialen Werk, das nach und nach vertieft und erweitert wird, wenn die Forschungen zu neuen Erkenntnissen führen.

Ein anderer Aspekt der Kreativität ist die Ähnlichkeit des Schöpferischen, das sich in der wissenschaftlichen Entdeckung und im künstlerischen Schaffen entfaltet. Da die kreative Fähigkeit nicht auf diese beiden Gebiete beschränkt ist, sondern ebenfalls in unzähligen anderen Tätigkeiten des Menschen deutlich wird, folgt daraus, daß wissenschaftliche Entdeckungen und künstlerische Werke, obwohl sie nur zwei Aspekte der Kreativität darstellen, mehr als alles übrige Schaffen des Menschen Gegenstand von Analysen waren.

Der große Mathematiker Jules-Henri Poincaré schrieb:

»Die Wissenschaft besteht aus Daten wie ein Haus aus Steinen. Aber eine Anhäufung von Daten stellt ebensowenig eine Wissenschaft dar wie ein Haufen Steine ein Haus.«[43]

Auf andere Weise, aber ebenso einprägsam versuchte Albert Einstein, der größte Wissenschaftler unserer Zeit, sich selbst, seinen Zeitgenossen und der Nachwelt in autobiographischen Anmerkungen und Gesprächen mit Schülern und Biographen zu erklären, wie es seinem Gehirn gelungen ist, die Theorien zu entwickeln, die all jene, die vorher über die Begriffe von Raum und Zeit, Energie und Materie existiert hatten und allgemein anerkannt waren, radikal erschüttern sollten. Und das nicht aufgrund von Daten, die aus der Beobachtung oder Berechnung abgeleitet worden waren, sondern, wie Einstein selbst in einem Brief an seinen Freund, den Philosophen Karl Popper, erläutert hat, aufgrund eines »reinen Spiels der Erfindung«.

So bestätigte er mit seiner gewohnten Bescheidenheit und großen Autorität die Theorie, daß die Entdeckung nicht das Resultat geduldigen Sammelns und der Verarbeitung von Informationen ist, sondern der Intuition entspringt.

Diese wiederum geht, wie Einstein ebenfalls festgestellt hat, aus einer leidenschaftlichen Hingabe an den Forschungsgegenstand hervor. Er schrieb seine Aufstellung der Relativitätstheorie der Tatsache zu, daß er sich sein ganzes Leben lang die staunende Haltung bewahrt habe, die für Kinder angesichts von Begriffen wie Raum und Zeit typisch sei, während die große Mehrheit seiner Mitmenschen diese als selbstverständlich ansehe.

Als er im Alter von vier oder fünf Jahren die beständige Ausrichtung der Magnetnadel in eine bestimmte Richtung, unabhängig von der Position des Kompasses, fasziniert beobachtete, ahnte er bereits vage die Existenz von Kräften, die sich einer direkten Überprüfung noch entzogen.

Diese Haltung, die ihm bis zu seinem Lebensende blieb, war die Triebfeder seiner außergewöhnlichen kreativen Fähigkeit. Ein Nonkonformist in seinem Denken und Leben, den auch die zahlreichen Ehren, die man ihm erwies, nicht korrumpieren konnten, war er nach seiner eigenen Definition zugleich ungläubig und tief religiös im Sinne Spinozas. In seiner wissenschaftlichen Arbeit gleichzeitig revolutionär und konservativ, wurde er zu einem Symbol für die höchsten Leistungen, zu denen der Homo sapiens imstande ist – auch wenn er sie nur recht selten in die Tat umsetzt.

In seinem Falle hielt dieses Verhalten ein ganzes Leben lang an, von der Jugend bis ins hohe Alter. Der Tod ereilte ihn mit sechsundsiebzig Jahren, als er völlig von den Bemühungen in Anspruch genommen war, die einheitliche Theorie der Bereiche Elektrodynamik und Gravitation zu festigen, die licht- und dornenvolle Krönung seiner letzten Jahre.

Sowohl die wissenschaftliche Entdeckung als auch das Kunstwerk sind offensichtlich ein Produkt, das in dem großartigen Komplex neuronaler, neokortikaler Systeme und Schaltungen verwirklicht wird, die bei den Angehörigen unserer Spezies so hoch entwickelt sind.

In vollkommener Unkenntnis jener Mechanismen, die für die Formulierung des Denkens zuständig sind, das wiederum die Voraussetzung für alle kreative Betätigung ist (wenn man nur die menschliche Spezies berücksichtigt), hat die Philosophie zu allen Zeiten Hypothesen aufgestellt, die an anderen und oftmals diametral entgegengesetzten Auffassungen orientiert waren, was die Beziehungen angeht, die zwischen den Individuen und der Außenwelt bestehen und die wir durch die Botschaften empfangen, welche von den sensorischen Systemen ans Gehirn geleitet werden.

Die als Empirismus bekannte philosophische Konzeption ist eine Orientierung, die all jenen Lehren gemeinsam ist, die als grundlegenden Baustein jeder Erkenntnis die direkte und konkrete Erfahrung verstehen und die Präexistenz aller angeborenen Ideen leugnen. Im Grundsatz ähnliche Ideologien wurden in Epochen, die uns zeitlich näher liegen, von Philosophen formuliert, die den Positivismus und den dialektischen Materialismus vertraten. Die einflußreichsten Anhänger dieser Richtungen waren der französische Philosoph Auguste Comte sowie Karl Marx und Friedrich Engels. Im Unterschied und deutlichem Kontrast zum Idealismus erkennen diese philosophischen Konzeptionen die Existenz der Objekte an, die wir über unsere sensorischen Kanäle wahrnehmen, und zwar unabhängig von der Tatsache, daß sie von unseren zerebralen Schaltungen wahrgenommen und verarbeitet werden.

Der Biochemiker J.C. Polanyi stellt in einer seiner jüngsten Abhandlungen fest: »Zwischen den Künsten und der Wissenschaft besteht eine Wechselbeziehung. Ihre Ziele weisen eine deutliche Ähnlichkeit auf, ihre Methoden eine eher subtile. Das Ziel des Künstlers wie auch des Wissenschaftlers ist es, der sie umgebenden Welt eine Form zu verleihen. Beide tun es, indem sie nach Konfigurationen suchen, durch die Erfahrungen miteinander verbunden werden, die bis dahin ohne Zusammenhang waren. Und beide werden von demselben Impuls getrieben: von dem ständigen Streben zu lernen oder, um es auf andere Art auszudrücken, zu entdecken.«[44]

Wegen einer merkwürdigen Abweichung, die Gunther Stent, Molekularbiologe, scharfsinniger Schriftsteller und Philosoph, entdeckt hat, war es allgemein zur Gewohnheit geworden, die Tätigkeit des Wissenschaftlers vom Standpunkt des Positivismus und des Materialismus zu betrachten, und das heißt als eine Aufgabe, die sich der Feststellung der Gesetze und Erscheinungsformen der Welt widmet, die uns umgibt, unabhängig von unserer eigenen Existenz und unserer Fähigkeit, zu einer Erkenntnis über sie zu gelangen.

So verstanden, stellen die Forschung im allgemeinen und die wissenschaftlichen Entdeckungen im besonderen, wie die der Phänomene und grundlegenden Gesetze der trägen und lebendigen Materie durch Wissenschaftler wie Newton, Einstein, Fermi und andere Spitzenvertreter der wissenschaftlichen Gemeinschaft, keine einzigartige, unwiederholbare Tatsache dar. Mit der Zeit werden andere Forscher die gleichen Hypothesen formuliert haben und zu den gleichen Entdeckungen gelangt sein. Im Unterschied zum Wissenschaftler wird der Künstler – ob es sich nun um Musiker vom Format eines Bach oder Beethoven handelt, um Bildhauer und Maler wie Michelangelo, Raffael oder Picasso und um Dichter wie Dante und Shakespeare und alle übrigen – entsprechend der idealistischen Konzeption gesehen, nach der die Realität der uns umgebenden Welt nicht außerhalb der Spiegelung in unserem Denken existiert. Der Künstler erschafft daher im Unterschied zum Wissenschaftler sein Werk aus dem Nichts, er »erfindet« es und wird nicht von dem trügerischen Schein inspiriert, der ihm von seinen Sinnen vermittelt wird. In dieser Hinsicht unterscheidet sich das Schaffen des Künstlers grundsätzlich von dem des Wissenschaftlers.

Die Kreativität – so ist zumindest die allgemeine Ansicht – erreicht den Höhepunkt ihres Ausdrucks in der Zeit, in der die Hirntätigkeiten am vollsten entwickelt sind, vermindert sich in den folgenden Jahrzehnten und nimmt praktisch fortschreitend im Greisenalter ab, kann sich aber in dieser letzten Lebensphase in einer neuen Form manifestieren.

Diese Eigenschaft der geistig-zerebralen Tätigkeiten beschränkt sich nicht nur auf außergewöhnliche Persönlichkeiten wie die, die in den späteren Kapiteln beschrieben werden. Vielmehr ist sie allen Angehörigen der menschlichen Spezies gemeinsam, denen durch günstige Umweltbedingungen ermöglicht wird, ihre Fähigkeiten zu verwirklichen, und die nicht darin behindert werden. Die Genies auf dem Gebiet der Musik und der Mathematik verdanken ihre außerordentlichen kreativen Fähigkeiten dem Besitz ihrer genetisch programmierten Schaltungen. Als Genie wird man geboren, aber man wird kein Mozart, Newton oder Einstein. Typisches Beispiel für ein geborenes Genie war Ramanujan, ein junger Inder, der dem berühmten Mathematiker G. H. Hardy einen Brief geschickt hatte. Dem Brief beigelegt war ein Manuskript, das die Lösung verschiedener Theoreme enthielt, die Hardy bei der ersten Lektüre als völlig »abenteuerlich und phantastisch« erschien. Nach einiger Überlegung und nach der Prüfung dessen, was ihm der junge Mann geschrieben hatte, der aus einem unbekannten Dorf in Madras stammte und keinerlei mathematische Ausbildung besaß, war Hardy überzeugt, daß Ramanujan kein Verrückter, sondern ein Genie war. Hardy berief den jungen Mann nach England, dem hohe Ehrungen für seine Forschungen zuteil wurden. Eines Tages, als Hardy ihn in dem Krankenhaus besuchte, in dem der Inder lag, sagte er, um ein Gespräch anzuknüpfen, daß ihm die Nummer des Taxis, das ihn hergebracht habe, die »1729«, ziemlich abgeschmackt erscheine. Ramanujan gab ihm zur Antwort: »Nicht doch, Hardy, nicht doch! Das ist eine sehr interessante Zahl, nämlich die kleinste, die sich als Summe zweier Kubikzahlen ausdrücken läßt.«

Doch sollte der junge Mathematiker, der einige Zeit später in sein Dorf zurückkehrte, im Alter von dreiunddreißig Jahren sterben.

Unter normalen Bedingungen werden die geistigen Fähigkeiten, und dabei auch die Kreativität, auf allen Gebieten des menschlichen Wissens durch den ständigen Gebrauch der Hirnfunktionen sowie durch das unaufhörliche Interesse an allem, was uns in der organischen oder anorganischen Welt umgibt, weiter gesteigert. Und dies gilt besonders für die Auseinandersetzung mit Themen, die mit der Verbesserung der Lebensqualität auf globaler Ebene zu tun haben – in einem so kritischen Moment, wie er sich an der Schwelle zum dritten Jahrtausend abzeichnet.

Eine weitere Entwicklung bahnt sich an in der Reflexion über die Beziehungen zwischen Wissenschaft, Technik und Familie in der modernen Gesellschaft, die darauf abzielt, die vorhandenen Ressourcen wie auch die Verantwortung des einzelnen in einer sich ständig verändernden Welt bewußt auszuwerten. Diese Reflexion muß darauf gerichtet sein, eine Politik der modernen Erziehung zu fördern, in der die traditionellen Kriterien und Methoden des Lernens für eine bessere Entwicklung der menschlichen Kreativität verändert werden durch eine geeignete Bildung und die kulturelle Vorbereitung der jungen Menschen auf den Umgang mit den aktuellen Veränderungen.

6. Zeugnisse: Sonnenuntergang oder Morgenröte?

Alles, was ich gemacht habe, ist nur der erste Schritt auf einem langen Weg.

Pablo Picasso, 1972

Die Darstellung des Wirkens von Michelangelo, Galilei, Russell, Ben Gurion und auch Picasso kann sicher ihrem kreativen Schaffen nicht gerecht werden, doch rückt sie eine Tatsache ins Licht, die normalerweise nicht beachtet wird: Das menschliche Gehirn ist auch in weit fortgeschrittenem Alter mit einer Fülle von Möglichkeiten ausgestattet, die ungleich vielfältiger sind als das, was man ihm zubilligt. Um den Widrigkeiten des Alters zu begegnen, verlegen sich in dieser letzten Lebensphase die Nervenschaltungen auf besondere Strategien, die in den funktionalen Modalitäten ihres Systems selbst enthalten sind.

Die fünf hier angeführten Persönlichkeiten haben in entscheidenden Epochen der Menschheitsgeschichte gelebt. Die beiden ersten in der ruhmreichen Zeit der italienischen Renaissance, als deren bedeutendste Repräsentanten sie noch heute gelten: Michelangelo steht für die Kunst, während Galilei den Beginn der modernen Wissenschaft vertritt. Und die anderen drei lebten in der unruhigsten Zeit unserer Geschichte: im 20. Jahrhundert.

So unterschiedlich die Gebiete waren, auf denen sich ihr Schaffen entfaltete, so unterschiedlich ihr Umfeld und die sozialen Bedingungen – gleich waren bei allen das Engagement, der Mut und die Kreativität, die ihr ganzes Wirken gekennzeichnet haben. Und diese Gaben sind auch in der letzten Phase ihres langen Weges unverändert geblieben.

Die vielen, die noch weit vom Greisenalter entfernt sind und sich vor dem Eintritt in diesen Lebensabschnitt fürchten, erinnere ich an die Empfehlung des Dichters T.S. Eliot:

... Nachdenken fordern, zur Voraussicht mahnen;
So will ich dir des Alters Schätze zeigen
Zur Krönung deines lebenslangen Strebens ...[45]

Michelangelo Buonarroti (1475–1564)

… Aber wer unter den Toten und den Lebenden die Palme trägt und alle übersteigt und überstrahlt, ist Michelangelo Buonarroti; er nimmt nicht nur in einer dieser Künste [Architektur, Bildhauerei, Malerei] den ersten Rang ein, sondern in allen dreien zugleich.[46]

Giorgio Vasari

In der Hochrenaissance erreichte oder überstieg das Durchschnittsalter des Menschen selten fünfzig Jahre. Im Falle Michelangelos erstreckte sich der Lebensweg über die außergewöhnlich lange Zeit von neunundachtzig Jahren.

»Die Welt hat viele Könige und nur einen Michelangelo«, so beschrieb Aretino diesen Mann, den er für den größten Künstler aller Zeiten hielt.

Noch ein Jüngling, begann Michelangelo im Jahr 1485 seine künstlerische Laufbahn und wurde Schüler in der Werkstatt Ghirlandaios. Doch hielt ihn der noch für zu jung, um ihn in die Kunst der Malerei einzuführen.

Als Lorenzo il Magnifico Ghirlandaio aufforderte, ihm zwei Lehrlinge für seine neue Bildhauerwerkstatt zu schicken, noch bevor der von Michelangelos Vater für drei Jahre unterzeichnete Lehrlingsvertrag auslief, kam Ghirlandaio dieser Aufforderung nach: Unter keinen Umständen wollte er, daß Michelangelo die Gelegenheit verpaßte, sich in dieser Kunst zu vervollkommnen, für die er schon von Kindesbeinen an eine besondere Berufung gezeigt hatte.

Der junge Michelangelo begeisterte sich nicht nur für die römischen Skulpturen, die den »Garten« der Medici in Florenz schmückten, sondern auch für die Malerei der beiden großen Meister Giotto und Masaccio. Aus dieser Zeit stammen auch einige seiner eigenen Werke wie zum Beispiel die *Madonna an der Treppe* (1491) und die *Kentaurenschlacht* (1492), die von der römischen Kunst inspiriert wurden.

Als Michelangelo achtzehn Jahre alt ist, stirbt Lorenzo di Medici, und er steht er ohne Vertrag da. Er verläßt den Palazzo Mediceo und begibt sich in das Kloster Santo Spirito. Dort vertieft er seine anatomischen Studien, indem er die herrschenden Gesetze umgeht, welche die Sezierung von Leichen verbieten. Er übte diese Praxis mit einer Innenschau in einem fast religiösen Sinne aus und kam auf diese Weise zur Erkenntnis einer künstlerischen Realität, die vorher undenkbar schien und bis zu diesem Zeitpunkt auch noch niemals verwirklicht worden war.

Mit dem Überfall auf Florenz durch die Franzosen unter dem Oberbefehl von Karl VIII. ist Michelangelo 1494 gezwungen, die Stadt zu verlassen; er flieht zunächst nach Venedig und dann nach Bologna. Von hier aus begibt er sich 1496 erstmals nach Rom. Aus dieser jugendlichen Phase stammen Werke wie die *Pietà* (die in einer Kapelle von Sankt Peter im Vatikan steht) und der bronzene *David*, zu dem ihm die Florentiner Signoria im Frühjahr 1501 den Auftrag erteilt hatte. Sie hatte Michelangelo im Namen der republikanischen Regierung eingeladen, wieder nach Florenz zurückzukehren. Papst Julius II., der von dem außergewöhnlichen Talent des Künstlers erfahren hatte, beauftragte ihn 1505, eine Skulptur für sein Grabmal zu schaffen.

Der Freund Giorgio Vasari, auch er ein berühmter Maler und Autor des bekannten Buchs *Vite* [Lebensläufe], schreibt über Michelangelo:

… sowohl mit dem Pinsel als auch mit dem Meißel hat er seine Werke geschaffen, die nahezu unnachahmlich sind. Und er hat ihnen soviel Kunst, Anmut und eine bestimmte Lebendigkeit gegeben, daß er, mit Verlaub, die alten Meister übertroffen und besiegt hat. Denn er verstand es, bei aller Schwierigkeit die Dinge mit leichter Hand zu formen, so daß sie nicht unter Mühen entstanden zu sein scheinen. Doch der, der seine Werke nachzeichnet, wird diese Mühe finden, wenn er sie nachzuahmen versucht.[47]

Wie Giorgio Vasari zum Ausdruck bringt, vermitteln alle Werke Michelangelos, sowohl der Bildhauerei als auch der Malerei, den Eindruck, als seien sie das Produkt eines natürlichen Talents. Doch sind sie in Wirklichkeit das Ergebnis eines hart durchlittenen Kampfes mit der Materie des Werkstoffs, der sich auch in seinem mürrischen, jähzornigen Charakter widerspiegelt. Aus der malerischen Arbeit dieses Zeitabschnitts stammen die beiden berühmten Werke: der *Tondo Doni* mit der Darstellung der heiligen Familie, der sich in den Uffizien in Florenz befindet, und das Fresko in der Sixtinischen Kapelle, das Papst Julius II. 1508 bei ihm in Auftrag gab. 1512 wurde es schließlich vollendet, nachdem die Unstimmigkeiten beigelegt worden waren, die dadurch entstanden waren, daß Michelangelo niemals einen offiziellen Auftrag für das Papstgrabmal erhalten hatte.

Die Ausschmückung der Rückwand der Sixtinischen Kapelle wurde 1541 vollendet, und zwar zusammen mit dem gewaltigen Werk des *Jüngsten Gerichts*, in dem mehr als vierhundert Figuren erscheinen. Aus der Gesamtheit dieses Bilds treten die kreative Kraft und Genialität des Künstlers deutlich hervor.

In einem Brief seines *Epistolario* aus dieser Zeit beantwortet Michelangelo die Frage, die ihm Benedetto Varchi in bezug auf den Wert der Bildhauerei und der Malerei stellte, folgendermaßen:

> *... Ich sage, die Malerei scheint mir dann am besten gelungen, wenn sie sich so weit wie möglich dem Relief annähert. Doch ist das Relief um so weniger gelungen, je mehr es sich der Malerei annähert... Ich verstehe Bildhauerei als etwas, das man durch Herausmeißeln erzielt; was man durch Hinzusetzen erzielt, gleicht der Malerei. Da jedoch das eine wie das andere, also Bildhauerei und Malerei, aus demselben Geist entsteht, kann man beide aufs trefflichste verbinden und viel Disputieren beiseite lassen ...*

Seiner Auffassung nach ist die Skulptur etwas, das man »mittels Wegnehmens« schafft, also durch Meißelhiebe aus einem Steinblock heraustreten läßt, so daß der Geist erkennen kann, daß der Marmor Leben annimmt. Trotz seiner außerordentlichen künstlerischen Begabung, die sich bei ihm bereits von Jugend an gezeigt hatte und ihm größte Anerkennung und höchste Ehrungen einbrachte, neigte Michelangelo, obwohl er sich seines Talents bewußt war, keineswegs zu einer Überschätzung seiner außergewöhnlichen Gaben.

In einem Sonett, das er 1552 seinem Freund Vasari sendet, mißt er der künstlerischen Tätigkeit, die er ausübt, keinen Wert bei und hält es für sehr viel wichtiger, sein Denken der Verehrung des Schöpfers zu widmen. Er bringt sogar eine sehr negative und pessimistische Einschätzung seines künstlerischen Werks zum Ausdruck:

> *Auf wildem Meer im morschen Kahn gediehen*
> *Zum allgemeinen Port ist schon mein Leben,*

Wohin, um volle Rechenschaft zu geben
Für jede gut und böse Tat, wir ziehen;
Und all die liebevollen Phantasien,
Die sich dem Götzendienst der Kunst ergeben,
Auch, wie voll Irrsal scheint mir nun ihr Streben –
Denn Wahn ist, wofür wir hienieden glühen!
Wie nun, Gedanken ihr, zu meinem Fehle
Und Schaden froh einst, wenn zwiefält'ger Tod
Mir nah, ein sichrer und ein drohender, schreitet?
Kein Malen stillt noch Meißeln mehr die Seele,
Die flieht zu jenem liebevollen Gott,
Der uns am Kreuz die Arm' entgegenbreitet.[48]

Jedes seiner Gedichte ist von einem Gefühl des tiefen Schmerzes geprägt, der als Sühne für das menschliche Handeln und Verhalten zu verstehen ist. Die *Rime* [Sonette] stellen, wie Clements es bezeichnet, »ein Selbstbildnis des physischen, geistigen und moralischen Menschen und seines Charakters dar«.

In einem Brief an den Freund Vasari vom 23. Februar 1558 – Michelangelo war bereits dreiundachtzig Jahre alt – äußert er seinen tiefen Gram über den Verlust eines ihm sehr lieb gewordenen Mitarbeiters:

Messer Giorgio, lieber Freund. Das Schreiben fällt mir schwer, doch nur um Euch zu antworten, werde ich etwas sagen. Ihr wißt, wie Urbino gestorben ist, was mir einerseits als große Gnade Gottes erschienen ist, aber mir andererseits schweren Schaden und unendlichen Schmerz zugefügt hat. Gnade war es, daß er, der mich mit seinem Leben lebendig hielt, mich durch seinen Tod gelehrt hat, nicht mit Bedauern zu sterben, sondern den Tod zu ersehnen.

Ich hatte ihn sechsundzwanzig Jahre zum Freund

und erlebte ihn immer als reell und treu. Und jetzt, da ich ihn zu meiner Stütze und meinem Ruhepol im Alter gemacht hatte und auf ihn hoffte, ist er mir entschwunden: Mir ist keine andere Hoffnung geblieben, als ihn im Paradiese wiederzusehen. Und in all diesem hat mir Gott, der Herr, mit dem glücklichen Tod, den er ihm bereitet hat, ein Zeichen gegeben: Mehr als sein eigenes Sterben bedauerte er, daß ich, überhäuft von Sorgen und lebend, in dieser verräterischen Welt von ihm zurückgelassen wurde. Denn das meiste von mir ist schon vertrocknet, und mir bleibt nichts als ein unendliches Elend …[49]

Auf dem Meister lasten also nicht nur die Wechselfälle des Lebens und die Einsamkeit, die er nach dem Verlust der Menschen, die ihm am nächsten standen, erleben mußte, sondern auch der Gedanke an den Tod, der in den letzten Jahren in ihm immer stärker wurde und sich mit einer mystisch-religiösen Neigung verband.

Die intensive schöpferische Tätigkeit, die Michelangelo von seinen Jugendjahren bis ins Erwachsenenalter, also sein ganzes Leben lang, ausgeübt hat, nimmt im Greisenalter nicht ab. Doch wird er zunehmend von heftigen, chronischen Schmerzen gequält, die ein Nierensteinleiden verursacht und die die Medizin seiner Zeit noch nicht zu lindern vermag. Auf diese Beschwerden weist er in jedem Brief aus dieser Zeit hin:

Ich bin alt, und der Tod hat mir die Gedanken meiner Jugend genommen: Und wer nicht weiß, was das Alter ist, übe viel Geduld, denn es holt ihn ein, noch ehe er es vermutet.

Trotz dieser immer pessimistischeren Sicht des Lebens kommt in diesem Zeitabschnitt seine außerordentliche Kreativität nicht nur in der Bildhauerei, sondern auch in architektonischen Werken zum Ausdruck – einer Arbeit, die er in den vorangegangenen Phasen seines Lebens niemals ausgeübt hatte.

Am 2. Juli des Jahres 1561 schließt er einen Vertrag für den Bau der Porta Pia in Rom ab, und am 5. August wird der Grundstein für den Bau der Kirche Santa Maria degli Angeli gelegt, und am 9. November stellt er das große Holzmodell für die Kuppel von Sankt Peter fertig.

Einer der herausragenden Kritiker unserer Zeit, Giulio Carlo Argan, beschreibt Michelangelos architektonische Kunst so:

»In Michelangelos ganzheitlicher Konzeption der Kunst stellte die Architektur keine Randerscheinung, sondern einen notwendigen Bestandteil dar. In einem Leben, in dem jeder Augenblick in Tapferkeit gelebt wurde, gab es keine Erfahrungen, die stärker waren als die anderen, alles war gewollt. Zeitgenossen und Nachwelt irrten, wenn sie das architektonische und das dichterische Werk nur als marginale Betätigungen ansahen, von denen die eine vielleicht eine Pflichtübung, die andere einen erholsamen Zeitvertreib darstellte. Falls Michelangelo selbst überhaupt etwas an der Kunst liebte, der er sich sein ganzes Leben lang aufgrund eines inneren Imperativs widmete, gab er vielleicht der Bildhauerei, vielleicht auch der Malerei den Vorzug. Die Architektur war nicht sein Gebiet. Aber für ihn zählte weit mehr die geistige und religiöse Verpflichtung. Und Tatsache ist, daß er als alter Mann ahnte, er müsse nun alles aufgeben, um sich nur noch der Architektur zu widmen. Die Berühmtheit hatte ihm die Zeit genommen, die er gebraucht hätte, um Gott zu betrachten, und für ihn stellte der Dombau von Sankt Peter diese Kontemplation dar... Die Architektur war die letzte Gestaltung seiner Auffassung von der Kunst, wobei es nicht von Bedeutung war, über wie viele Entbehrungen er dorthin gelangt war. Denn wie konnte die Hinterlassenschaft eines großen Gläubigen schließlich etwas anderes sein als eine Berufung zur Entbehrung. Er war von Natur aus hellsichtig und besonnen, er tat nie etwas, das er nicht tun wollte, auch wenn er anschließend schwor, er hätte das, was er selbst beschlossen hatte, gezwungenermaßen getan. Als er den Tode nahe fühlte, faßte er den Entschluß, von nun an auf eine Beschäftigung mit der Architektur zu verzichten, wie er vorher darauf verzichtet hatte, sich noch weiter der Bildhauerei und Malerei zu widmen.«[50]

Michelangelos Kreativität in dieser letzten Phase seiner Laufbahn beschränkte sich nicht nur auf die angeführte architektonische Arbeit, sondern drückte sich in einer völlig neuen und anderen Weise aus als in seinen Jugendjahren und in der Zeit der vollen Reife. So verherrlichten seine frühesten Werke die Schönheit des menschlichen Gesichts und Körpers sowie die Einzigartigkeit seiner einzelnen Formen. Diametral entgegengesetzt entwickelte sich die Bildhauerkunst, die er im letzten Abschnitt seines Lebens in der Skulptur der *Pietà Rondanini* realisierte, an der er bis sechs Tage vor seinem Tod arbeitete und die unvollendet blieb. Das Leiden der beiden Figuren spiegelt sich nicht nur im Ausdruck der Gesichter wider, sondern auch in der Darstellung der beiden Körper: in dem leblosen Christus und der weiblichen Figur (Muttergottes oder Maria Magdalena), die den leblosen Körper umschlungen hält. In dieser Skulptur scheinen sich die Schmerzen, die Einsamkeit und die Müdigkeit der Jahre widerzuspiegeln, die ihn immer melancholischer werden ließen.

Nach einer neueren Interpretation von De Tolnay ist dieses Werk die Verwirklichung eines neuen Sinnes: »... das Resultat selbst vom Künstler sehnlichst herbeigewünscht ... läßt vermuten, daß der alte Buonarroti hier die Normen der Renaissance-Ästhetik verwirft. Sie hatte die Perfektion der Formen gefordert, die bis dahin auch für ihn die entscheidende Bedingung für ein wirkliches Kunstwerk dargestellt hatte. Ohne jede Rücksicht auf die Meinung der zeitgenössischen Kunstkenner und sein eigenes künstlerisches Credo verleugnend, wandte er sich ohne Gewissensskrupel dem ›Unvollendeten‹ zu, das seinen inneren Visionen mehr entsprach.«[51]

Die *Pietà Rondanini*, so bezeugen es die an Vasari geschriebenen Briefe, ist noch in Arbeit, als Antonio del Francese sie zum Geschenk erhält.

Am 16. Februar 1564 diktiert er seinen letzten Willen: die Seele an Gott, den Körper der Erde und seine irdischen

Güter an die Erben. Zwei Tage später stirbt er in seinem römischen Haus am Macel dei Corvi, wenige Wochen vor seinem neunzigsten Geburtstag.

Der große Kunstkritiker Argan schreibt zu seinem Gedenken:

»Bildhauer, Maler, Architekt (und Dichter), verfolgte er sein ganzes Leben lang eine Kunst, die eine Synthese der einzelnen Techniken sein und in ihrer Überschreitung die reine Zeichnung, die Idee verwirklichen sollte. Obwohl es sich in klar abgegrenzte Phasen und Zyklen aufteilen läßt, erscheint Michelangelos gesamtes Werk in einem Zusammenhang: Jedes einzelne Werk nimmt die Erfahrungen der vorangegangenen wieder auf, arbeitet sie weiter aus und übertrifft sie. Erstmals ist die Kunst gleichgesetzt mit der Existenz des Künstlers selbst: Als Existenz ist sie eine Erfahrung, die sich vollzieht und erst mit der Vollendung dieser Existenz, mit dem Tod, als vollzogen gelten kann. Deshalb ist der Gedanke an den Tod in seinem ganzen Werk immer präsent ...«[52]

Am Todestag Michelangelos wurde ein anderes italienisches Genie geboren – Galileo Galilei.

Galileo Galilei (1564–1642)

Bescheidenheit schickt sich zwar für den Wissenschaftler, aber nicht für die Ideen, die er in sich trägt und die zu verteidigen er die Pflicht hat.

Jacques Monod[53]

Zu Galileis* Zeiten richteten sich die wissenschaftlichen Forschungen auf das Verständnis der äußeren Welt und hatten das Ziel, Kenntnis über die Natur zu erhalten. Galileis Forschungen stellten den Beginn einer modernen wissenschaftlichen und technischen Entwicklung dar. G. Edelman behauptete jüngst in einem Interview: »Mit Galilei und später auch mit Descartes hat die moderne Zeit auf gewisse Weise den Geist von der Natur entfernt. Galileis mathematische Physik entwickelte sich aus der Kritik des aristotelischen Erbes und begriff das Universum als ein beschreib- und beobachtbares Objekt. Aufgabe des galileischen Wissenschaftlers ist es, Messungen durchzuführen und dabei einem Modell zu folgen, das sich weder an Projektionen noch an subjektiven menschlichen Zielen orientiert, sondern nach Wechselbeziehungen und unveränderten Gesetzen sucht, welche die aufgestellte These bestätigen oder aufheben. Diese Vorgehensweise funktioniert bei der Physik und bei den ihr benachbarten Wissenschaften hervorragend. Sogar heute, nach der Heisenbergschen Revolution und dem Anbruch der Quantenmechanik, hat das galileische Verfahren noch Bestand. Und so bleibt das

*Die Zitate Galileis wurden der Ausgabe der *Opere*, hrsg. v. A. Favaro, Barbera, Florenz 1890–1909 und nachgedruckt 1968, entnommen. (Mit der römischen Zahl wird der Band angegeben, mit der arabischen Zahl die Seite.)

letzte Ziel der Physik ein galileisches: die Beschreibung unveränderter Gesetze.«[54]

Galileis wissenschaftliche Neugier wurde bereits in jugendlichen Jahren geweckt, wie er fast sechzig Jahre später rückblickend in seinem Buch *Il saggiatore* [Der Prüfer mit der Goldwage] beschreibt. Er erinnert sich darin, wie er als Dreizehnjähriger einen Kometen mit großer Aufmerksamkeit beobachtete und dabei bereits die bedeutsamsten Eigenschaften des Phänomens erfaßte.

Im Alter von siebzehn Jahren entschloß er sich dann zum Studium der Medizin und studierte von 1581 bis 1585 an der Universität von Pisa. Sein Vater hatte ihn zu dieser Wahl gedrängt, nicht um einen in der Familie traditionell ausgeübten Beruf zu wiederholen, sondern weil er meinte, damit könnten die höchsten Einkünfte erzielt und der Bedürftigkeit der Familie entgegengewirkt werden.

Nach vier Jahren verließ er ohne Promotion die Universität und begann seine mathematischen Studien bei Ostilio Ricci. Von der Lektüre des Archimedes beeinflußt, beschäftigte er sich mit der Schwingungsdauer des Fadenpendels und schickte eine Kopie seiner Manuskripte an die herausragendsten Mathematiker der damaligen Zeit. Während er sich im Dom zu Pisa aufhielt, beobachtete Galilei einen an der Decke hängenden Kronleuchter und bemerkte, daß seine Schwingungen von einem Ende zum anderen immer die gleiche Zeit benötigten, auch wenn im folgenden die Schwingungen geringer wurden. Um die Zeit der Schwingungen zu messen, zählte er die eigenen Pulsschläge. Mit einem Freund wiederholte er dieses Experiment und band dazu zwei kleine Kugeln an zwei Fäden von genau der gleichen Länge – und beide zählten dieselbe Anzahl von Schwingungen. So entdeckte Galilei das Gesetz des Isochronismus, also die Gleichheit der Zeit bei kleinen Schwingungen.

Er blieb drei Jahre lang in Pisa im Amt eines Professors der Mathematik und schrieb in dieser Zeit auch literarische Kritiken über Tasso und Ariost.

Galilei zeichnete sich nicht nur als Dozent auf den Gebieten der Astronomie und Physik aus, sondern erfüllte zur gleichen Zeit auch die Rolle eines Erziehers. Er führte seine Schüler zu neuen Dingen und vertrat als geduldiger Pädagoge die Ansicht: »Niemand hat die Macht, Wissenschaft auf irgendeine natürliche Schlußfolgerung festzulegen. Alles, was getan werden kann, ist, die Meinungen und Begabungen so weit zu fördern, daß dieses mehr geglaubt wird als jenes.« (V, 197.)

Im Jahre 1586 erfand er die hydrostatische Waage, eine Vorrichtung, mit der die relative Dichte von festen Gegenständen gemessen werden kann. Zur gleichen Zeit bestieg er den Turm von Pisa und trat den Beweis für folgende These an: Wenn zwei Körper von gleicher stofflicher Substanz, aber von unterschiedlichem Gewicht aus einer großen Höhe herabfallen, benötigen sie für den Fall ungefähr die gleiche Zeit. Im Gegensatz dazu hatte Aristoteles beobachtet, daß Körper von gleichem Material, aber von unterschiedlichem Gewicht mit einer Geschwindigkeit fielen, die proportional zu ihrem jeweiligen Gewicht war.

Galilei erklärte in seiner Schrift *De Motu* [Über die Bewegung], er habe dieses Experiment zwar nicht tatsächlich durchgeführt, sei aber dennoch zu dieser Schlußfolgerung gelangt. In Wirklichkeit hatte er die Gewichte eine schiefe Ebene entlang rollen lassen und daraus abgeleitet, daß die Fallgeschwindigkeit nicht mit dem Gewicht zusammenhing. Er lehnte die Auffassung des Aristoteles und seiner Anhänger ab, die besagte, daß die Bewegung eines Körpers von der ihn umgebenden Luft aufrechterhalten werde. Galilei behauptete vielmehr, ein Körper könne lediglich von dem Antrieb »virtù impressa« [die ihm innewohnende Wirkungskraft] bewegt werden, und er habe verstanden, was dieser Antrieb sei.[55]

Darüber hinaus behauptete er in demselben Buch, daß in Abwesenheit der direkten Einwirkung einer Kraft die Bewegung von der Grundlage unterhalten werde, auf der sie zustande komme.

Im Jahre 1592 erhielt er einen Lehrstuhl an der Universität Padua und blieb dort achtzehn Jahre. Dieser Zeitabschnitt war wissenschaftlich äußerst produktiv. Einerseits gelang es ihm, sowohl seine in Pisa begonnenen Studien über die Bewegung zu vervollkommnen, andererseits arbeitete er die astronomischen Konzepte aus und trat dabei in immer entschiedenerer Weise für das kopernikanische System zur Beweglichkeit der Erde ein. Ferner entwarf er eine wasserbetriebene Pumpe und ein Luftthermoskop (Vorläufer des Thermometers). Im Jahre 1597 konstruierte Galilei ein Instrument, das als »geometrischer und militärischer Kompaß« bezeichnet wurde und dazu diente, mathematische und geometrische Berechnungen auf dieselbe Weise zu lösen wie mit einem rudimentären Rechenstab. Der eigentliche Rechenschieber wurde dann im zweiten Jahrzehnt des 18. Jahrhunderts auf der Basis logarithmisch verschiebbarer Skalen eingeführt.

Als sich Galilei 1609 in Venedig befand, erfuhr er von der Konstruktion eines optischen Geräts durch den Flamen Lippershey, das Gegenstände, die sich in einiger Entfernung vom Auge befanden, derart vergrößerte, daß man meinte, sie aus der Nähe zu sehen. Daraus leitete er die folgende Überlegung ab: »Dieses Instrument besteht entweder aus einem einzigen Glas oder aus mehr als einem. Daß es aus einem einzigen besteht, ist nicht möglich, denn entweder ist seine Gestalt konvex, also in der Mitte dicker als an den Enden, oder konkav, also in der Mitte dünner; oder es ist zwischen parallelen Oberflächen eingeschlossen, aber dieses verändert die sichtbaren Gegenstände nicht durch Vergrößerung oder Verkleinerung. Das konkave verkleinert sie, und das konvexe vergrößert sie ziemlich, zeigt sie aber recht verschwommen und blendend hell: Also reicht ein einziges Glas nicht aus, um die Wirkung zu erzielen ... Deshalb beschränkte ich mich darauf, damit zu experimentieren, was die Zusammensetzung der beiden anderen bewirkte, also des konvexen und des konkaven Glases, und sah, daß es meinen Zweck erfüllte.« Er konstruierte also ein Instrument, das mit zwei Linsen an den Enden eines Bleirohrs versehen war und erzielte somit das erste Teleskop, das ursprünglich als *perspicillium* bezeichnet wurde.

Und mit der Hilfe der kunstfertigen venezianischen Glasbläser gelang es ihm, ein Fernrohr herzustellen, das er dem Dogen und auch dem Senat vor Augen führte. Und erstaunt stellten sie folgendes fest: »Von den höchsten Kirchtürmen konnte man erkennen, wer in der Kirche San Giacomo von Muran ein und aus ging; man sah die Menschen an der Collona von den Gondeln in die Fähre ein- und aussteigen ... und dazu noch viele andere erstaunliche Einzelheiten in der Lagune und in der Stadt.« (XIX, 587)

Die Tatsache, daß er das Fernrohr – wenn auch nicht erfunden – doch entscheidend verbessert hatte, gab Galilei die Möglichkeit, daraus das wichtigste Instrument zur Verbesserung des Sehvermögens zu entwickeln.

Durch den Einsatz des Fernrohrs sollte sich »die Kriegskunst [verändern], da man ... in viel größerer Entfernung als herkömmlich die Schiffskörper und Segel des Feindes entdecken [kann], so daß wir zwei Stunden, bevor er uns entdeckt, ihn schon sehen ... seine Kräfte einschätzen können, um uns für die Jagd, den Kampf oder die Flucht bereit zu machen ...« Darüber hinaus wurde es vor allem möglich, den Weltraum zu erforschen und neue Himmelskörper zu betrachten.

Galilei entdeckte, daß die Milchstraße aus unzähligen Sternen besteht, und als er den Mond beobachtete, beschrieb er ihn im *Sidereus Nuncius* folgendermaßen: »Viele der Erhebungen sind in jeder Hinsicht unseren steilsten und schroffsten Bergen ähnlich, und dazwischen kann man unbegrenzte Ebenen sehen, die Hunderte von Meilen lang sind.«

Das Werk *Sidereus* richtete sich an alle Universitäten Europas und enthielt einen detaillierten wissenschaftlichen Rechenschaftsbericht über die letzten astronomischen Beobachtungen. Und trotz einer ungeheuren Menge numerischer Angaben gelang es Galilei in jeder Beschreibung, die Einbildungskraft seines Lesers durch die Kraft der poetischen, »ja sogar lyrischen« Form anzusprechen, wie Italo Calvino feststellte. Er nannte ihn »den größten Schriftsteller der italienischen Literatur« und erkannte Galilei zu, er benutze die Sprache »nicht wie ein neutrales Werkzeug, sondern mit einer ständigen expressiven Anteilnahme«.

Im Jahre 1616 wird die Arbeit des polnischen Astronomen Nikolaus Kopernikus, der behauptete, daß die Planeten um die Sonne kreisen, von der katholischen Kirche verdammt. (Die religiöse Lehre der damaligen Zeit vertrat dagegen die Ansicht, daß die Erde das Zentrum des Weltalls sei und die Sonne sich um sie drehe.)

Am Ende des 16. Jahrhunderts war die Serenissima Repubblica di Venezia einer der reichsten Staaten Europas. Galilei gelang es, sich unter den venezianischen Adeligen und Reichen viele Freunde zu machen, darunter Giovanni Francesco Sagredo, der wenige Jahre jünger war als er und schon mit fünfundzwanzig Jahren ein bedeutendes Amt im Consiglio Supremo, dem höchsten Rat der Regierung, innehatte. Zwischen den beiden entstanden Zuneigung und Freundschaft, und nach dem frühen Tod Sagredos verewigte ihn Galilei in einer der Figuren des *Dialogo sopra i due massimi sistemi del mondo* [Gespräch über das ptolemäische und das kopernikanische Weltsystem] und in den *Discorsi e dimostrazioni matematiche intorno a due nuove scienze* [Unterhaltungen und Beweisführungen über zwei neue Wissenszweige].

Im Jahre 1623 veröffentlichte er, trotz erbitterter Auseinandersetzungen mit dem Jesuiten Orazio Grassi, den *Saggiatore,*[56] der ein großes aktuelles Problem behandelte: das Erscheinen dreier Kometen am Himmel sowie einen Meinungsaustausch zwischen kompetenten Persönlichkeiten und einem Publikum, das in den Himmelsphänomenen die Zeichen eines göttlichen Wohlwollens oder auch Zornes zu erkennen meinte.

In der Einleitung zu diesem Werk, das in Form eines Briefes an Virgilio Cesarini, Mitglied der Accademia Nazionale dei Lincei, von zwei weiteren Akademiemitgliedern, Giovanni Faber und Francesco Stelluti, geschrieben war, stimmten diese sein Lob an:

> *Nicht nur die glücklichen Strahlen*
> *deiner Stirn bringen die Tugend zum Ausdruck,*
> *die du ihnen mit deiner Klarheit gibst,*
> *sondern dieses schöne Licht,*
> *das du in deinem Geiste trägst,*
> *gewährt dir die Sicht über die*
> *Grenzen des Möglichen hinaus.*

Der für die Dichtung der damaligen Zeit typische emphatische Ton drückte die Bewunderung für seine Fähigkeit aus, das Universum rings um sich zu ergründen, und für die Schärfe seines außergewöhnlichen Denkvermögens.

Das Buch war Papst Urban VIII. (Maffeo Barberini) gewidmet, dessen Gunst Galilei genossen hatte, als dieser noch Kardinal war. Als er sich im Frühling 1624 nach Rom begab, sprach ihm der Papst nicht nur höchstes Lob aus, sondern sicherte ihm auch eine Pension und die Garantie zu, daß die kopernikanische Theorie zwar »tollkühn«, aber nicht »ketzerisch« sei.

Sieben Jahre nach der Niederschrift des *Saggiatore*, im Jahr 1630, schrieb er auf ständigen Wunsch von seiten der wissenschaftlichen Welt wie auch der aristokratischen Gesellschaft – die in der Wissenschaft einen angenehmen Zeitvertreib sah – den *Dialogo sopra i due massimi sistemi del mondo*. Während der Ausarbeitung dieses Werkes gab es viele Unterbrechungen, die vor allem durch seine schwache Gesundheit bedingt waren. Aber obwohl er die Arbeit am *Dialogo* – der ursprünglich den Titel *Del flusso e riflusso* [Vom Fluß und Rückfluß] tragen sollte – immer wieder unterbrach, wurde das Werk schließlich doch abgeschlossen. In einem Brief garantierte Benedetto Castelli dem großen Galilei die Bereitschaft seines Vaters, Nicolò Riccardi, eines Maestro di Sacro Palazzo, ihm die Erlaubnis für die Drucklegung zu gewähren.

Fürst Federico Cesi, der an der Spitze des Kollegiums der Accademia Nazionale dei Lincei stand, machte ihm den Vorschlag, ihn nicht nur zu unterstützen, sondern ihm auch den Druck des Buches, wie bereits bei dem vorherigen Werk *Il Saggiatore*, zu finanzieren. Galilei begab sich nach Rom, um die Billigung der Kirchenbehörde einzuholen, die er innerhalb kurzer Zeit mit dem Vermerk »unterzeichnet und zum Druck freigegeben« von Pater Riccardi erhielt. In diesem Zeitraum verstarb Cesi plötzlich, so daß sich die Accademia dei Lincei dieses Werkes nicht mehr annehmen konnte. Und da von seiten der Feinde Galileis der Druck immer größer wurde, mußte Pater Riccardi einige Zeit verstreichen lassen, bevor er ihm die definitive Druckerlaubnis gab.

Galilei war gezwungen, die Einleitung des Buches zu korrigieren, da er klarstellen sollte, daß Kopernikus' Theorie nur »eine« von vielen Möglichkeiten sei. Und so stellt er auf der Titelseite des *Dialogo* fest, daß »in viertägigen Kongressen ... über die beiden größten Weltsysteme, das ptolemäische wie auch das kopernikanische, gesprochen wird, und dabei werden die natürlichen und die philosophischen Gründe für die eine wie für die andere Seite dargestellt – und das, ohne sich festlegen zu müssen«. Schließlich druckte am 21. Februar 1932 die Florentiner Druckerei »Tre Pesci« den *Dialogo*.

Den Ausgangspunkt für den *Dialogo* bildet ein Gespräch zwischen drei Edelleuten. Zwei von ihnen werden von Freunden Galileis verkörpert, und zwar dem Venezianer Sagredo, einem sachkundigen Gelehrten, und dem Florentiner Salviati in der Eigenschaft eines Schiedsrichters. Die dritte Figur ist ein Philosoph mit Namen Simplicio (bereits sein Name konnte an einen Menschen von bescheidener Intelligenz denken lassen), ein Kommentator des Aristoteles aus der Antike, der die anerkannte Autorität verteidigt. In dem *Dialogo* unterhalten sich die drei Personen nicht nur über das, was Galilei erforscht und herausgefunden hat, sondern es werden die Resultate von vierzig Jahren Forschung über die Bewegung diskutiert. Die Abfassung in Form eines Gesprächs gab ihm die Möglichkeit, gegensätzliche Standpunkte zu vertreten. Papst Urban VIII. sah sich in der Rolle des Simplicio verkörpert, der intellektuell die kläglichste Figur abgibt, und war der Ansicht – eine These, die auch andere vertraten –, Galilei habe ihn dem Spott ausgesetzt.

Die große Divergenz in den Ansichten von Wissenschaft und Theologie kam im Jahr 1633 in der Forderung der Kirche zum Ausdruck, Galilei solle der heliozentrischen Sicht, die er im *Dialogo* dargelegt hatte, abschwören. So bahnte sich der vielleicht schwerwiegendste Konflikt zwischen den Traditionen der Kirche und der Freiheit des wissenschaftlichen Denkens an.

Kurze Zeit später erhielt Galilei vom Papst die Aufforderung, sich nach Rom zu begeben. Aber obwohl ihm Venedig politisches Asyl angeboten hatte, bat ihn Galilei wegen seiner angegriffenen Gesundheit und der Gefahr der Pest, die in der Toskana ausgebrochen war, um Aufschub. Der Papst gab ihm zur Antwort, daß er, sobald er genesen sei, in Ketten nach Rom geführt werde. Daraufhin beschloß Galilei, die Konsequenzen auf sich zu nehmen, und reiste nach Rom. Sagredo, der um seinen Freund besorgt war, schrieb ihm einen Brief, in dem er seine Befürchtungen zum Ausdruck brachte, und beschwor ihn, doch in Venedig zu bleiben: »... hier habt Ihr die Macht über diejenigen, welche die anderen kommandieren und regieren, und müßt Euch nicht selbst ausliefern, der Ihr beinah Monarch über das Weltall seid ... Aber wer weiß schon, was die unendlichen und unverständlichen Wechselfälle der Welt durch die Lügen und Täuschungen böser, neidischer Menschen anrichten können. Säen und nähren sie nicht im Herzen des Fürsten die eine oder andere falsche und verleumderische Idee und bedienen sie sich dann nicht eben seiner Gerechtigkeit und Tugend, um einen Edelmann zugrunde zu richten? ...« Sagredo schickte den Brief erst nach seiner Rückkehr von einer Reise in den Orient ab, und es sollte sich das, was er vorausgesehen hatte, auch bewahrheiten.

Das Ziel des Prozesses war es festzustellen, ob Galilei der verbotenen Doktrin anhing oder bei der Abfassung des *Dialogo* die Befehle Urbans VIII. respektiert habe. Er wurde auch beschuldigt, Pater Riccardi die kirchliche Bewilligung auf betrügerische Weise abgepreßt zu haben. Darüber hinaus legte die Inquisition Galilei die schwere Schuld zur Last, sich nicht an eine ihm im Jahre 1616 von Kardinal Roberto Bellarmino auferlegte Verordnung gehalten zu haben und diese auch Pater Riccardi nicht mitgeteilt zu haben. Doch stellte diese Verordnung ein nicht vorschriftsmäßiges Dokument dar, da die notwendigen Unterschriften, die seine Bedeutung ausmachten, darauf fehlten. Der geistliche Leiter der Inquisition verfolgte bei den verschiedenen Verhören die Absicht, Galilei das Geständnis abzuzwingen, das im Protokoll ausgewiesen war: »Die dem Kopernikus zugeschriebene Lehre ... kann nicht verteidigt oder aufrechterhalten werden.«

Nach fünf Monaten unaufhörlichen geistlichen Drucks, gab sich Galilei am 22. Juni 1633 geschlagen und schwor vor den Richtern der kopernikanischen Lehre ab: »Ich, Galileo, Sohn des q. Vinc.o Galileo aus Fiorenza, siebzig Jahre alt, persönlich vor Gericht zitiert und vor Euch kniend ... vor meinen Augen die heiligen Evangelien, die ich mit meinen eigenen Händen berühre, schwöre, daß ich all das, was die Heilige Katholische und Apostolische Kirche hochhält, predigt und lehrt, immer geglaubt habe, jetzt glaube und mit Gottes Hilfe für alle Zukunft glauben werde ... Mit aufrichtigem Herzen und nicht geheucheltem Glauben schwöre ich deshalb ab, verdamme und verabscheue ich die oben genannten Irrtümer und Ketzereien und im allgemeinen jeden anderen Irrtum, jedwede Ketzerei und Sektiererei, die sich gegen die Heilige Kirche stellen; und ich schwöre, daß ich in der Zukunft niemals mehr mündlich oder schriftlich dergestalt Dinge sagen, noch ihnen anhängen werde, für die man solchen Verdacht gegen mich hegen könnte.«

Die Worte, die der alte Galilei dann murmelte, als er dabei war, mit zitternden Händen seinen Widerruf zu unterzeichnen, gingen in die Geschichte ein: »Und sie bewegt sich doch.«

Galileis Verurteilung wird erst dreihundertfünfzig Jahre später zurückgenommen, als im Jahr 1992 Papst Johannes Paul II. erklärte, es habe sich »um ein tragisches und wechselseitiges Unverständnis zwischen dem Wissenschaftler aus Pisa und den Richtern der Inquisition« gehandelt.

Und der große englische Mathematiker A. N. Whitehead drückt es folgendermaßen aus: »Bereits die Art, in der die Verfolgung überliefert wurde, die Galilei erlitten hatte, ist ein Preis für den ruhigen Beginn einer der tiefgehendsten Revolutionen im Denken, die die Menschheit je erlebt hat.«

Nach dem Prozeß milderte das Heilige Offizium die amtlich festgelegte Gefängnisstrafe ab und gab ihm die Erlaubnis, sich als Gast des Erzbischofs Ascanio Piccolomini in die Verbannung nach Siena zu begeben. Dieser nahm ihn in seinem erzbischöflichen Palast auf und organisierte für ihn »ständige Besuche« der herausragendsten Persönlichkeiten der Stadt und auch der wissenschaftlichen Welt, die alle ihre Bewunderung für Galilei zum Ausdruck brachten. Das wird durch die Pressionen bezeugt, die seine Gegner weiter ausübten, weil sie der Ansicht waren, daß die verhängte Strafe durchaus nicht angemessen sei. Der Schriftsteller A. Battistini beschreibt den großen Meister so: »Wenige andere Männer der Wissenschaft hatten das Charisma Galileis, das sich sowohl im Einfluß auf seine Schüler wie auch *e contrariis* im erbitterten Haß seiner Feinde zeigte. Diese hatten sich tatsächlich – und das ist Galileis eigene Einschätzung – eine sehr viel härtere Bestrafung für ihn gewünscht … Jedoch hatten ihre Angriffe einen ähnlich belebenden Effekt wie die Solidarität seiner Anhänger, da die Wissenschaft nicht von der Furchtlosigkeit dieses Mannes losgelöst werden konnte.«[57]

Die Inquisition stimmte begeistert zu, als Galilei darum bat, ihm einen anderen Ort zuzuweisen, da er der vielen Besucher müde war und sich von den Begegnungen mit seinen Anhängern und Bewunderern zurückziehen wollte. Der eigentliche Grund für diese Bitte war jedoch Galileis Wunsch, in sein Sommerhaus zu ziehen, von wo aus er seine beiden Töchter besuchen konnte, die in das Kloster San Pietro eingetreten waren. Sie waren dort im Alter von sechzehn Jahren eingetreten und hatten unter den Namen Schwester Maria Celeste und Schwester Arcangela die Ordensgelübde abgelegt. Von Arcetri aus machte er sich oft auf dem Rücken eines Maulesels auf den Weg zu seinen Töchtern, denen es nicht erlaubt war, das Kloster zu verlassen. Die ältere Tochter, Schwester Maria Celeste, war sein erklärter Liebling, und aus den später aufgefundenen Briefen an ihren Vater wird die emotionale Bindung zwischen ihnen ersichtlich: »So überraschend und unerwartet hat mich die neue Pein Eurer Hochwohlgeboren erreicht, daß es meine Seele mit höchstem Schmerz durchbohrt hat, von dem Entschluß zu hören, der endlich über das Buch wie auch über die Person Eurer Hochwohlgeboren gefaßt wurde ... Liebster Herr Vater, jetzt ist es an der Zeit, sich mehr denn je jener Klugheit zu befleißigen, die Euch der Herr gewährt hat, und diese Schläge mit jener Seelenstärke zu tragen, die Eure Religion, Euer Beruf und Alter erfordern.«

Galilei fand in den Worten seiner Tochter viel Trost – nicht allein, weil er sich dem Willen der Geistlichen gebeugt hatte, sondern auch weil er der Ansicht war, daß seine Ideen richtig waren.

Kurze Zeit nach dem Umzug ihres Vaters nach Arcetri stirbt Schwester Maria Celeste, deren Gesundheit aufgrund des beschwerlichen Klosterlebens mehr als anfällig war, im Alter von dreiunddreißig Jahren und läßt ihn »in höchster Betrübnis« zurück. Galilei reagierte auf dieses neue Unglück mit der Wiederaufnahme seiner Arbeit.

Zwei Jahre nach dem Tod seiner Tochter stellte er *Zwei neue Wissenszweige* fertig, das man als das erste Werk der modernen Physik bezeichnete.

Der berühmte Physiker G. Toraldo di Francia schreibt in einer kürzlich erschienenen Abhandlung über die wissenschaftlichen Beiträge des Wissenschaftlers: »Galilei gebührt das unschätzbare Verdienst, die erste große Vereinheitlichung herbeigeführt zu haben ... er begriff, daß die Himmelskörper und -erscheinungen vollkommen mit allem übereinstimmen, was sie umgibt ... Es war eine herrliche und kühne Vereinheitlichung ... Bekanntlich waren die Himmel als etwas völlig anderes, im Vergleich zu den niedrigen Phänomenen hier unten auf der Erde beinahe Göttliches angesehen worden. So war beispielsweise die Sonne ein vollkommenes Gestirn und durfte auf keinen Fall die Flecken aufweisen, die Galilei behauptete, entdeckt zu haben. In dem gleichen Geiste lehrte Galilei, daß der Mond durchaus Berge haben könne ... daß der Jupiter ebenso wie die Erde Satelliten haben könne und habe ... Er führte die quantitative Methode einem Höhepunkt entgegen ... und er hatte das große Verdienst, in seine Formulierungen die Größe ›Zeit‹ einzubringen. Auch das war eine wahrhaft kühne Vereinheitlichung, denn er wies darauf hin, daß die Zeit ebenso wie die anderen Größen zu behandeln ist: das heißt nicht nur, daß sie gemessen werden kann und auch meßbar ist, man kann aus ihr sogar das Quadrat bilden (also die zweite Potenz) ...«[58] Toraldo di Francia bezeichnet Galileis Entdeckungen als »eine recht verblüffende Intuition« und verwendet den Terminus Revolution in der gleichen Weise, wie ihn der Physiker T. Kuhn erklärt hat.

Kaum hatte der greise Wissenschaftler im Jahre 1630 die Niederschrift seines Manuskripts über die *Massimi sistemi* beendet, begann er, an einer Studie zu arbeiten, die den Titel *Speculazioni del moto* [Spekulationen über die Bewegung] trug. Damit erfüllte er ein altes, 1610 in Padua formuliertes Versprechen, das darin bestand, ein Werk über die »natürlichen und gewaltsamen Bewegungen« abzufassen, genannt die neue Wissenschaft, »da kein anderer, weder von den Alten noch von den Modernen, irgendeine der vielen Erscheinungen entdeckt hat« (X, 351–2). Diese Studien über die beschleunigte Bewegung und Schlagkraft, über die Schwingungsdauer des Pendels und die Geschoßbahnen hatte er bereits dreißig Jahre zuvor begonnen. Galilei teilte Platos Meinung: »ohne Mathematik konnte man die Philosophie nicht erlernen«.

Die vierzig Jahre, die zwischen der in typisch aristotelischer Form verfaßten Studie *De Motu* und seinen *Zwei neuen Wissenszweigen* vergangen waren, hatten auf das

Problem, daß Bewegung in Abwesenheit von Kraft undenkbar sei, eine präzise Antwort geliefert. Als noch bedeutender stellte sich die neue Studie über die Naturphänomene dar, die ihn dazu brachte, das Trägheitsgesetz zu formulieren. Es besteht darin, sich die Bewegung eines Körpers vorzustellen, auf den keinerlei Kraft einwirkt und der daher frei von jeder Art Reibung sein sollte.

Aufgrund der starken Kontrolle, die in Italien von den kirchlichen Behörden auf die Wissenschaft ausgeübt wurde, wurden Galileis nachfolgende Entdeckungen im Ausland publiziert.

Den bei Galilei allmählich beginnenden und später vollständigen Verlust des Sehvermögens führt man heute auf ein Glaukom zurück, und zwar anhand der Symptome, die er in Briefen an seine Freunde selbst klar beschreibt: »Galileo, Euer teurer Freund und Diener ist seit einem Monat völlig blind geworden, was sich auch nicht mehr heilen läßt. Stell dir nur vor, ich muß damit rechnen, daß dieser Himmel, diese Welt und dieses Universum, von dem ich mit meinen wunderbaren Betrachtungen mehr gesehen habe als es im allgemeinen die Wissenden aller vergangenen Jahrhunderte getan haben, sich jetzt verkleinert haben und so geschrumpft sind, daß sie nicht mehr größer sind als der Platz, den meine Person einnimmt.«

Einige Jahre zuvor hatte er in einem Brief geschrieben: »Wenn ich die Welt betrachte, die von unseren Sinnen erfaßt wird, kann ich überhaupt nicht sagen, ob sie groß oder klein ist: Ich sage vielmehr, daß sie sehr groß ist im Vergleich mit der Welt der Regenwürmer und anderer Würmer, die keine anderen Mittel haben als den Tastsinn, um sie zu messen, und die sie daher nicht größer schätzen können als den Platz, den sie einnehmen. Und mir scheint, daß die von unseren Sinnen erfaßte Welt im Vergleich mit dem Universum nicht so klein sein kann wie die Welt der

Würmer im Vergleich zu der unsrigen. Was nun das betrifft, was der Geist über die Sinne hinaus erfassen kann, geben sich mein Denken und mein Geist nicht damit zufrieden, sie entweder als begrenzt oder als unbegrenzt zu begreifen.«

Im Jahre 1638 erhält er die Erlaubnis, den italienischen Physiker Evangelista Torricelli zu sich kommen zu lassen. Vier Jahre nach seiner vollständigen Erblindung starb er, einen Monat bevor er das achtundsiebzigste Lebensjahr vollendet hatte. Trotz des Drängens seiner Anhänger und Freunde, ihn in der Kirche Santa Croce zu Grabe zu tragen, widersetzte sich Urban VIII., Galilei diese letzte Ehre zu erweisen. Erst ein Jahrhundert später wurde sein Leichnam in die Krypta dieser Kirche überführt.

Bertrand Russell (1872–1970)

... Klirrte sein Gelächter zwischen den Teetassen ...
Sein Gelächter war unterseeisch und tief
Wie das vom alten Mann der See,
Verborgen unter Koralleninseln ...
Als sein trocken-hitziger Diskurs den Nachmittag verschlang.

Thomas S. Eliot[59]

So beschreibt der Dichter T. S. Eliot Russell, dessen Schüler er in Harvard war, in der Gestalt des Mr. Apollinax. Russell, dem es völlig gleichgültig war, wie ihn Freunde oder Feinde sahen, hielt es für weitaus wichtiger, die entscheidenden Beweggründe zum Ausdruck zu bringen, die seinen langen Weg bestimmt hatten: »Drei einfache, doch übermächtige Leidenschaften haben mein Leben beherrscht: das Verlangen nach Liebe, der Drang nach Erkenntnis und ein unerträgliches Mitgefühl für die Leiden der Menschheit.«

Einen völlig anderen Gesichtspunkt präsentiert uns A. Wood, wenn er B. Russell und seine Beiträge auf den Gebieten der Mathematik, der Logik und der Philosophie, der Politik und dem Pazifismus würdigt: »Bertrand Russell ist ein Philosoph ohne Philosophie. Dieses Charakteristikum könnte auch beschrieben werden, wenn man sagte, daß Russell ein Philosoph aller Philosophien sei ... Russells Werk umfaßt so viele unterschiedliche Themen, daß wahrscheinlich kein einziger lebender Mensch, der einigermaßen erschöpfende Kenntnis von diesem Werk besäße, darüber einen angemessenen Essay schreiben könnte, ausgenommen natürlich Russell selbst ...«[60]

Derselbe Autor macht geltend, er habe sich absichtlich

darauf beschränkt, die Ursprünge und die Entwicklung von Russells Ideen zu behandeln und sich nicht mit den Entwicklungen zu befassen, die von anderen Autoren dargelegt wurden. Diese Beschränkung rührt von der Tatsache her, daß Russells Werk eine derartige Breite und Tiefe aufweist, daß für einen einzelnen Autor kaum die Möglichkeit besteht, seinen ganzen philosophischen Weg mit der dafür erforderlichen Kompetenz darzustellen.

Das Charakteristikum B. Russells war sein völlig unorthodoxes Herangehen an die von ihm aufgegriffenen Themen. Wood erinnert daran, daß in *The Principles of Mathematics*[61] ein ganzes Kapitel den »Eigennamen, Adjektiven und Verben gewidmet ist und in der *Introduction to Mathematical Philosophy* sich sogar zwei Kapitel mit dem Artikel ›der‹ befassen.«

Die Strategie, mit der er sich den Problemen zu stellen pflegte, wurde von Lytton Strachey mit der Funktionsweise einer Kreissäge verglichen. Dieser Vergleich bezog sich auf Russells Fähigkeit, Theorien einerseits tiefgründig zu behandeln und andererseits gleichzeitig Meinungen darzulegen, die in deutlichem Widerspruch zu den vorher vertretenen Theorien standen. Dadurch brachte er die weitaus weniger subtilen Kommentare seiner Kritiker, die sein Werk analysieren wollten, zum Verstummen. »Ich strebte nach der Gewißheit«, schrieb Russell, »und zwar auf die gleiche Weise wie die Menschen nach dem religiösen Glauben streben.«[62]

Im Kommentar Woods heißt es: »Ich glaube, daß die grundlegende Motivation, die das gesamte Werk Russells durchdrang, eine fast religiöse Leidenschaft für eine höhere Wahrheit als die menschliche war, vom menschlichen Geist und von der Existenz des Menschen selbst unabhängig.«

Mit dem gleichem Respekt bearbeitet Russell völlig gegensätzliche Theorien, wie zum Beispiel die Mathematik oder den Mystizismus, den er in der Tiefe seiner so rationalen Seele ebenfalls vollkommen akzeptiert hatte. In einem Brief aus dem Jahr 1918 schrieb er: »Ich habe mir immer gewünscht, die eine oder andere Rechtfertigung für all die Emotionen zu finden, die von jenen Entitäten inspiriert sind, die sich außerhalb des menschlichen Lebens befinden und Gefühle von ehrfürchtigem Respekt zu verdienen scheinen … der Sternenhimmel … die Weite des wissenschaftlichen Universums … das Gebäude der objektiven Wahrheit, das sich, wie die Mathematik, nicht auf eine reine Beschreibung des kontingenten Universums beschränkt.«

In seinem Buch *Mysticism and Logic*[63] definiert Russell die »mystische Intuition« als ein enthülltes Geheimnis, eine verborgene Weisheit ... die plötzlich über jeden möglichen Zweifel klar ist. Das Gefühl der Gewißheit und Offenbarung steht über jeglichem definierten Glauben.

Der Mystizismus à la Russell gründet sich auf drei fundamentale Prinzipien. Das erste ist der Glaube, daß ein Weg zur Erkenntnis möglich ist und somit auch die Enthüllung oder das Unendliche, das sich der Vernunft widersetzt. Das zweite Prinzip ist der Glaube an die Einheit, die Weigerung, Opposition oder Abspaltung zuzulassen. Und das dritte ist die Negierung der zeitlichen Realität, die ihrerseits eine Ablehnung der Abspaltung ist.

Im Unterschied zum Mystizismus ist laut Russell die Logik »eine harmonisierende Kraft, eher eine Kraft der Kontrolle als eine schöpferische Kraft ...« Die Verkündigung von der Einheit aller Dinge, die gleichermaßen die Grundlage des Pantheismus in der Religion und des Monismus in der Philosophie bildet, betrachtet er als einen der verlockendsten Aspekte der mystischen Erleuchtung.

Der Mathematiker und Philosoph A. J. Ayer äußert sich folgendermaßen dazu: »Unter den Philosophen dieses Jahrhunderts stellt Bertrand Russell einen einzigartigen Fall in der Philosophie dar, weil er die Untersuchung fachspezifischer Probleme nicht nur mit seinem Interesse für Natur- und Gesellschaftswissenschaften vereinigt, sondern auch mit seinem Engagement für die Erziehung in der Grundschule, der höheren Schule und mit einer aktiven Teilnahme an der Politik ... aber er wird aufgrund seines philosophischen Werks eine herausragende Stelle in der Geschichte einnehmen, besonders für das, was er in seiner Jugend und der frühen Reifezeit ... auf dem Gebiet der Logik und der Mathematik, aber auch der Philosophie der Logik, der Erkenntnistheorie und der Ontologie geschaffen hat ... All dieser Aspekte wegen hatte Russells Werk vom Beginn des Jahrhunderts an bis in unsere Tage einen sehr großen Einfluß auf seine Zeitgenossen.«[64]

Im Laufe der Zeit verlagerten sich Russells Interessen immer mehr auf Gebiete, von denen er sich stärker angezogen fühlte als von der Kultur. In einer Aristokratenfamilie in Rasencroft in Wales geboren, wird er im Alter von zwei Jahren Waise und der Familie seines Großvaters väterlicherseits, Lord John Russell, des ersten Earl Russell und zweimaligen Premierministers, anvertraut. Wie sich Russell in *The Autobiography of Bertrand Russell* erinnert, verlebte er eine einsame, aber durchaus nicht unglückliche Kindheit. Im Unterschied zu seinem Bruder wird er nicht zur Schule geschickt, sondern von Gouvernanten und Hauslehrern erzogen. Er interessiert sich für Naturwissenschaft, in die er im Alter von elf Jahren von seinem Bruder eingeführt wird, der ihn mit der Entdeckung der Geometrie des Euklid vertraut macht. Mit achtzehn Jahren erhält er ein Stipendium am Trinity College in Cambridge und macht bei dem Mathematiker A.N. Whitehead Examen. Als junger Mann widmete er sich zehn Jahre lang dem Beruf eines Mathematikers auf hohem Niveau, doch im Laufe dieser Tätigkeit wechselte er zunehmend von der Mathematik zur Philosophie. Diese Tendenz gewann mehr und mehr die Oberhand, hinzu kamen die im gleichen Zeitraum stattfindenden politisch-sozialen Veränderungen, die nichts mehr mit den Verhältnissen in seiner Jugend zu tun hatten. Im Jahr 1894 heiratete er Alys Pearsall Smith, von der er sich 1921 wieder scheiden ließ.

Während seines ganzen Lebens hält seine Kreativität unverändert an, ebenso das Engagement, mit dem er sich in gut siebzig Büchern äußert.

Russells Philosophie der Mathematik nimmt eine entscheidende Wende, als er bei einem Kongreß in Paris den

Logiker G. Peano trifft, der ihm durch seine Anmerkungen »jenes Instrument logischer Analyse, das er seit Jahren gesucht hatte«, an die Hand gibt. Er stellt sich selbst die Aufgabe, die Grundbegriffe der Mathematik zu analysieren, und im selben Jahr, 1903, beendet er die Niederschrift seines Buchs *The Principles of Mathematics*, das drei Jahre später veröffentlicht wird. Das Buch wird später in Zusammenarbeit mit Whitehead[65] überarbeitet und erweitert; dieses monumentale Werk sollte zu einem Meilenstein in der Geschichte der Mathematik werden. Nach seiner These ist die Mathematik nichts anderes als die Logik der wissenschaftlichen Erkenntnis, und er sucht mit Hilfe dieser letzteren jede mögliche Form der Erkenntnis zu klären. In der Einführung zur zweiten Ausgabe von 1937 bringt er seine »grundlegende These« zum Ausdruck: »... daß die Mathematik und die Logik identisch sind, ist eine These, die abzuwandeln, ich nie Grund hatte.«

Im Unterschied zur alten philosophischen Logik, die von der Annahme ausgeht, daß nichts anderes existiert als die »Dinge« und ihre »Eigenschaften«, berücksichtigt er nur die aus einem Subjekt und einem Prädikat zusammengefügten Propositionen (Beispiel: Dieses Ding ist blau). Die neue mathematische Logik entwickelt sich aus der Analyse dieser Propositionen, in denen »Relationen« zum Ausdruck kommen, die man auf die Eigenschaft eines Dings reduzieren kann. Diese Relationen können symmetrisch oder asymmetrisch sein, transitiv oder intransitiv, und sie annullieren die Annahme der alten Logik. Obwohl sie sich nicht auf die Eigenschaften reduzieren lassen, die den Dingen innewohnen, haben diese Relationen dennoch eine objektive Gültigkeit, die weder rein empirisch-tatsächlich, noch nur subjektiv oder mental ist. So erinnert sich Russell in seinen *Portraits from Memory*: »Ich habe mit einem mehr oder weniger religiösen Glauben an eine ewige platonische Welt begonnen, in der die Mathematik in einer Schönheit erstrahlte, die ähnlich der Vollendung in den letzten Gesängen des *Paradieses* war. Ich bin zu dem Schluß gelangt, daß die ewige Welt irrelevant ist und die Mathematik die Kunst ist, dasselbe mit anderen Worten zu sagen.«[66]

Aus Russells verkürzten Prinzipien resultiert einwandfrei eine Weltanschauung, die versucht, zwischen Humes radikalem Empirismus[67] und Leibniz' rationalistischem Formalismus eine Verbindung zu knüpfen und beide in Einklang zu bringen. Alle sinnlichen Daten haben den gleichen Wert; es existieren keine »Sinnestäuschungen«. Obwohl jedes Subjekt seine eigene Betrachtungsweise hat und eine besondere eigene Welt darstellt, die durch den Wandel der »subjektiven Zustände« wandelbar ist, ist es durchaus legitim, von einem gemeinsamen objektiven Raum und einem geordneten Universum zu sprechen. Denn neben der subjektiven existiert auch eine allgemeinere Betrachtungsweise, mit der all die unzähligen individuellen koordiniert sind. Der äußerste Subjektivismus scheint sich mit der Überzeugung zu verbinden, daß im Universum eine strenge kausale Verkettung herrscht. Auf diesem Wechselspiel aus empiristischen und rationalistischen Motiven basiert Russells Moral. Die Ethik gründet sich nicht auf absolute Vorschriften, und die Aussage, dies sei etwas Gutes, bedeutet nur, daß dieses Etwas »mir gefällt«. Das Gute und das Böse lassen sich auf rein persönliche subjektive Einschätzungen zurückführen. Dennoch schließt die Eroberung des Glücks, die das höchste Ziel des moralischen Leben ist, die Fähigkeit, nach unseren Wünschen zu handeln, nicht nur aus, sondern schließt sie ein, wenn diese Wünsche dahingehend erweitert und rationalisiert werden, daß die »positiven« Leidenschaften verstärkt und im Gegensatz zu jenen, die Unglück und Unausgeglichenheit hervorrufen, weiter entwickelt werden.

Nach Russell bestehen die Ingredienzien des Glücks in dieser Rangordnung: Gesundheit, ausreichende Mittel gegen das Elend, gute persönliche Beziehungen und Erfolg in der Arbeit. In einem Interview gab er Wyatt auf die Frage nach den Faktoren, die dem Glück abträglich sind, zur Antwort: »Davon gibt es viele ... Eines der Dinge, die gegen das Glück gerichtet sind, ist die Sorge, und in dieser Hinsicht bin ich sehr viel glücklicher geworden, je älter ich wurde. Ich sorgte mich zunehmend weniger, da ich, was die Sorge betrifft, einen sehr nützlichen Plan aufgestellt habe. Und der besteht darin zu denken: ›Sehen wir einmal, was ist das Schlimmste, das passieren kann?‹ ... Und dann zu denken: ›Gut, im Grunde wäre das in hundert Jahren so schlimm auch wieder nicht; wahrscheinlich wäre es sogar überhaupt nicht wichtig.‹ Wenn man es wirklich geschafft hat, so zu denken, sorgt man sich nicht mehr allzusehr. Die Sorge stammt daher, daß man sich mit den unangenehmen Möglichkeiten nicht auseinandersetzen will.«[68]

Russell ist davon überzeugt, daß man nicht nur das Individuum, sondern vor allem die Gesellschaft im Blick haben muß. Denn die größte Gefahr, die daher rührt, liegt nicht in den möglichen individuellen anarchischen Ausbrüchen, sondern in der Organisation des eigenen Lebens in Übereinstimmung mit den herrschenden Normen. Diese Tendenzen zum Konformismus werden in der modernen Gesellschaft täglich größer, was vor allem eine Folge der wissenschaftlichen Errungenschaften ist. Im Unterschied zum wissenschaftlichen Geist, der umsichtig und antidogmatisch arbeitet, stellen die Technik und die praktischen Anwendungen den Regierungen und der Großindustrie Instrumente zur Verfügung, welche die Vielfalt und Freiheit der individuellen Initiative zu ersticken drohen. Die wissenschaftliche Technik kann ein gefährliches Instrument sein, mit dem es möglich wird, das Material »Mensch« ohne jeden Respekt für seine Gefühle noch für all das, was sein tägliches Leben farbiger macht und belebt, zu manipulieren.

In vielen Essays bringt er seine ethischen und sozialen Anschauungen zum Ausdruck, die noch an eine ontologische Sicht[69] der moralischen Werte gebunden ist. In anderen Schriften, die auf empiristischen Ideen basieren, unterscheidet Russell deutlich zwischen faktischen Urteilen und Werturteilen: Letztere fallen aus dem Zuständigkeitsbereich der Wissenschaft heraus. Russell führt jede menschliche Aktivität auf den von der Suche nach Liebe und Glück bestimmten Antrieb und Wunsch zurück. Diese Ziele stoßen auf ihre Negation in den absoluten Werten, in Dogmatismus und Fanatismus, die er im politischen Umfeld wie auch im religiösen Bereich unermüdlich bekämpfte.

Mit der Erforschung der Logik verbindet Russell gleichzeitig ein intensives militant-pazifistisches Engagement, das ihn 1916 die Position eines Lecturers kostete, die er in Cambridge innehatte, und das ihm im Jahr 1918 sechs Monate Gefängnis für seine pazifistischen Aktivitäten einbrachte. Während seiner Haft schrieb er *Introduction to Mathematical Philosophy*, und von diesem Zeitpunkt an sollte die Beschäftigung mit der Philosophie neben sein soziales und politisches Engagement treten.

Von 1927 an lehrt er an verschiedenen amerikanischen Universitäten und eröffnet zusammen mit seiner zweiten Frau, Dora Black, eine experimentelle Schule in Beacon Hill, nahe bei Petersfield. Im selben Zeitraum schreibt er, aus finanziellen Gründen dazu genötigt, zahlreiche pädagogische Essays. Aufgrund seiner liberalen und antikonformistischen Ansichten in Sachen Sexualität und Erziehung wurde er zu einem häufigen Ortswechsel gezwungen. Die gleichen Anschuldigungen hatten ihn schon 1927 nach der Veröffentlichung von *Ehe und Moral*[70] getroffen.

Durch den Tod seines Bruders im Jahre 1931 wird er der dritte Earl Russell, und fünf Jahre später heiratet er in dritter Ehe Patricia Spence, von der er sich 1951 wieder scheiden läßt, um sich im Alter von neunundsiebzig Jahren mit Edith Finch zum vierten Mal zu verheiraten.

In seinem Buch *In Praise of Idleness* [Lob des Müßiggangs], das 1935 erscheint, beleuchtet er die Gefahren, die gewisse Aspekte der sozialen Probleme betreffen, welche im politischen Leben ignoriert zu werden scheinen. Russell drückt das folgendermaßen aus: »Ich werde erklären, warum ich weder den Kommunismus noch den Faschismus billige und daher auch nicht mit dem übereinstimme, was beiden gemeinsam ist. Ich werde immer die Ansicht verfechten, daß die Bedeutung des Wissens nicht lediglich in seinem praktischen und direkten Nutzen besteht, sondern auch in der Tatsache, daß es eine zutiefst kontemplative Anlage des menschlichen Geistes anregt. Auf dieser Basis wird der Nutzen eines Gutteils jenes Wissens entdeckt werden, das im Augenblick noch als ›unnütz‹ eingestuft ist … die Welt leidet an Intoleranz, Bigotterie und an der irrigen Meinung, daß jede energische Aktion lobenswert sei, auch wenn sie uns in eine falsche Richtung führt. Dabei ist es notwendig, daß unsere so komplexe moderne Gesellschaft ruhig nachdenkt, die Dogmen in Frage stellt und die verschiedensten Standpunkte mit großem Weitblick prüft.«[71]

Im Jahre 1944 kehrte er aus den Vereinigten Staaten nach England zurück, da ihm das Trinity College in Cambridge einen Lehrauftrag über fünf Jahre angeboten hatte, der dann zu einer lebenslangen Aufgabe werden sollte.

Während dieser Phase seines Lebens erwirbt er sich durch seinen kraftvollen Antikommunismus und sein Eintreten für die Verteidigung der Freiheit ein hohes »Ansehen«. Schließlich erhalten seine literarischen Verdienste dann 1950 mit der Verleihung des Nobelpreises die höchste Anerkennung.

In den *Sceptical Essays* behauptet der Philosoph: »Unterwürfigkeit und Angst machen aus den Menschen kriechende Würmer. Nur eine gute Portion Skepsis wird den Schleier zerreißen können, unter dem diese Wahrheiten vor uns verborgen sind. Wenn die zerrissen sind, können wir damit beginnen, eine neue Moral aufzubauen, die nicht auf Haß oder Zwang basiert, sondern auf dem Wunsch nach einem erfüllten Leben und auf der Überzeugung, daß, sobald der Wahnsinn des Hasses geheilt sein wird, uns die anderen menschlichen Wesen eine Hilfe und kein Hindernis mehr sind.«[72]

Die schwindelerregende Entwicklung des Wettrüstens mit der Gefahr eines Atomkrieges veranlaßte ihn dazu, seine Haltung in der internationalen Politik neu zu überdenken. Russell legte seinen Antikommunismus ab und schlug eine pazifistische Haltung sowie eine unilaterale Abrüstung ohne Bedingungen vor. Sein weiterer Vorschlag war eine Weltregierung, und in überaus lebhaften Beiträgen nahm er fortwährend zu den politischen und moralischen Problemen Stellung. Immer stärker interessiert er sich für diese Themen und fördert einen konsequenten, unerschütterlichen Kampf zur Verteidigung des Weltfriedens. In Rom hält er 1955 einen Vortrag gegen den Gebrauch von Atomwaffen, und er verliest vor Vertretern der internationalen Presse die Appelle, die von großen Wissenschaftlern, darunter Albert Einstein, unterzeichnet worden sind: »Wir müssen auf andere Weise zu denken beginnen, wenn wir wollen, daß die Menschheit gerettet wird. Als menschliche Wesen richten wir einen Appell an menschliche Wesen: Erinnert euch an eure Menschlichkeit und vergeßt den Rest.«

Im Jahr 1961 organisiert und leitet er das Massen-Sit-in in Whitehall. Nach einer Demonstration wird er zusammen mit seiner Frau verhaftet, und beide werden wegen Anstiftung zum zivilen Ungehorsam angeklagt. Sie werden zu zwei Monaten Gefängnis verurteilt, aber aus Gesundheitsgründen wird die zu verbüßende Strafe zu einer Woche Freiheitsentzug in einem Gefängniskrankenhaus reduziert. Er setzt sich auch für die Verteidigung der Rechte von Verfolgten ein, und zwar der Juden in der Sowjetunion, der Araber in Israel und der politischen Gefangenen in der DDR und in Griechenland.

Im Jahre 1963, im letzten Abschnitt seines langen Weges, widmete er sich der Gründung der Atlantic Peace Foundation, die sich die Erlangung des Friedens zum Ziel gesetzt hatte. Im Rahmen seiner Arbeit, mit der er die Russell Peace Foundation im Kampf gegen die Aufrüstung und zur Rettung von unterdrückten Völker unterstützt, ruft er ein Internationales Tribunal gegen Kriegsverbrechen, »Russell-Tribunal« genannt, ins Leben. An diesem Tribunal, das die Vereinigten Staaten des Völkermords in Vietnam bezichtigt, nimmt auch Jean-Paul Sartre teil. Im Jahr 1969 veröffentlicht er seinen Bericht: *Kriegsverbrechen in Vietnam.*

Ein interessantes Selbstportrait sowohl im intellektuellen wie auch moralischen Sinn bildet Russells in drei Bände gegliederte *Autobiographie*[73], in der er ohne Bitterkeit Bezug nimmt auf die mehrmals erlittene Isolierung, die er wegen seiner nonkonformistischen Anschauungen und seiner mutigen Ideen zu erleiden hatte.

Russell vertritt in einer seiner Schriften die Ansicht, daß das Eintreten für eine gerechte Sache zur *Eroberung des Glücks* beitragen kann: »... und daß die marginalen Interessen, vor allem im höheren Alter, Elemente von größter Bedeutung für das Glück sind. Je unpersönlicher die Interessen sind und je weiter sie sich über das eigene Leben hinaus erstrecken, desto weniger wichtig wird die Idee, daß das Leben bald enden könnte. Ich glaube, daß dies ein sehr wichtiges Element des Glücks im Alter ist ... Weder Elend noch Wahnsinn scheinen mir ein unvermeidlicher Teil im Schicksal und der Bestimmung des Menschen zu sein, und ich bin überzeugt davon, daß Intelligenz, Geduld sowie Eloquenz früher oder später die Menschheit von den Qualen befreien können, die sie sich selbst auferlegt hat – sofern sie sich in der Zwischenzeit nicht selbst ausrottet. Auf der Grundlage dieser Überzeugungen habe ich immer über ein gewisses Maß an Optimismus verfügt, obwohl mit dem Älterwerden mein Optimismus besonnener geworden ist ... Doch kann ich im übrigen nicht mit denen übereinstimmen, die der fatalistischen Meinung sind, daß der Mensch zum Unglück geboren sei ... Ich habe gelebt und dabei eine persönliche und soziale Vision verfolgt. Die persönliche: lieben, was edel ist, was schön, was freundlich ist, und dabei anerkennen, daß bestimmte Momente von starker Inspiration durchaus Weisheit verleihen können ... Die soziale: in der Phantasie die Gesellschaft sehen, die geschaffen werden muß, in der sich die Individuen frei entwickeln und Haß, Gier und Neid vergehen, da diese Leidenschaften durch nichts mehr genährt werden. An diese Dinge glaube ich, und die Ereignisse mit den begangenen Fehlern haben meinen Glauben nicht erschüttert.«[74]

Am 2. Februar 1970 starb im Alter von achtundneunzig Jahren in Penrhyndendraeth in Wales »ein scharfsinniger und unvoreingenommener Denker, dessen Einfluß auf die Kultur des 20. Jahrhunderts vielleicht tiefer war als der jedes anderen«.[75]

David Ben Gurion (1886–1973)

... Wir sind das Volk von den geschlossenen Reihen! Hebt von Linie zu Linie die jahrhundertelangen Trostlosigkeiten empor, baut das ewige Haus! Die Stunde schlägt! Von einem Meer zum anderen werden sie verwundert kommen, um zu sehen, was das geringste der Völker, das Ewige Volk, vollbracht hat.

Ch. N. Bialik[76]

»Die Schreie der Schakale in den Weinbergen, die Rufe der Esel, das Quaken der Frösche in den Gräben, der intensive Duft der Akazien, die Schatten der Orangenhaine in der Dunkelheit, das Funkeln der Sterne am tiefblauen Himmel – alles ist wundersam verzaubert wie in einem Königreich aus dem Märchen. Ich denke an alle Etappen meiner Reise, an die Abschiede, an die Überfahrt, an das Erscheinen der Küste Palästinas und schließlich daran, wie ich mich so plötzlich in Erez Jisrael[77] befand. Ist das alles wahr? Ich kann nicht einschlafen und versuche, mich mit diesem neuen Himmel vertraut zu machen.« Mit diesen Worten beschrieb Ben Gurion den Enthusiasmus und die Gefühle, die er im Oktober 1906 bei der Ankunft in Jaffa empfunden hatte. Er war mit der Absicht gekommen, das zionistische Ideal im Wiederaufbau der Heimat seiner Ahnen zu realisieren.

Er ließ sich inspirieren vom Denken Aaron David Gordons, eines der größten Führer des Zionismus, der mit fünfzig Jahren die harte Feldarbeit auf sich nahm, um die *Alija*[78] zu beginnen. Für Gordon waren sowohl die Landarbeit als auch die Beziehung zu den Arabern ein Gebot:

»... Unser Verhältnis zu den Arabern muß mmer von der Menschlichkeit getragen werden ... Wir haben auf der einen Seite konkrete politische und soziale Probleme vor uns und auf der anderen eine große Lebensregel. Wir haben als erste unmittelbare Aufgabe das brüderliche Zusammenleben zweier Völker vor uns ... wenn wir danach streben, menschlicher, lebendiger zu sein, werden wir das richtige Verhältnis zum Menschen und zu den Völkern im allgemeinen und zu den Arabern im besonderen finden.«

Um das zionistische Ideal zu verwirklichen, begann Ben Gurion die *Alija* in Palästina nach verschiedenen Mißgeschicken und Gefahren, zusammen mit einigen Dutzend Männern und Frauen, als einfacher *Chalutz*[79]: Sie rodeten den felsigen Boden für den Bau eines neuen Kibbuz[80] und führten dann diese Arbeit auch in anderen Gebieten fort. In seinem letzten Lebensabschnitt erinnert er sich an die zwei Jahre, die er in Sejera lebte, als an eine glückliche, wenn auch sehr beschwerliche Zeit; sie lebten in fünf Holzbaracken, und Wasser und Nahrung waren knapp. Zusammen mit einem anderen jungen Zionisten, einem russischen Einwanderer namens Ben Zwi, der vierzig Jahre lang sein Gefährte und Freund war, übernahm er den Auftrag, für die Jerusalemer Zeitung *Achdut* (Einheit) zu arbeiten. Seinen ersten Artikel zeichnete er mit »Ben Gurion«, womit er seinen ursprünglichen Namen David Joseph Grün hebraisiert hatte. ›Ben‹ bedeutet »der Sohn von«, und ›Gurion‹ folgt als Hommage an den Großvater Arjeh der Familientradition und bedeutet »Löwe«. Also heißt Ben Gurion »Sohn des Löwen«. Viele Jahrhunderte zuvor hatte ein jüdischer Held gleichen Namens in Palästina einen Aufstand gegen die Römer angeführt.

In seinem Artikel forderte Ben Gurion die Palästinenser auf, ihre Rolle als Bürger der »neuen Türkei« anzunehmen, und von der Türkei verlangte er wiederum die Konzession für einen rechtmäßigen, eigenständigen Staat für die semitische Minderheit sowie die Anerkennung der hebräischen Sprache.

Im Jahre 1912 begaben sich Ben Gurion und Ben Zwi nach Konstantinopel, um die türkische Sprache zu erlernen und somit auf die bestmögliche Weise die jüdisch-palästinensische Gemeinde repräsentieren zu können. Wirtschaftlich wurden sie bei dieser Unternehmung von ihren Gefährten unterstützt. Sie schrieben sich an der Juristischen Fakultät der osmanischen Universität ein, wo sie später Moshe Sharett und Joseph Trumpeldor kennenlernten.

Sharett, Trumpeldor, Ben Gurion und Ben Zwi sollten ihr Leben der Gründung des Nationalen Jüdischen Zentrums widmen.

Die »Zwillinge«, wie Ben Gurion und Ben Zwi genannt wurden, brachen das Studium ab, um zusammen mit anderen Gefährten als Freiwillige für die Befreiung Palästinas von den Türken zu kämpfen. Im Jahre 1915 wurden sie verhaftet und zur ständigen Verbannung aus Palästina verurteilt. Sie schifften sich nach Amerika ein, ließen sich in Brooklyn nieder und schrieben dort zwei Bücher: eines, das dem Andenken der bei der Verteidigung der jüdischen Dörfer Gefallenen gewidmet war, das andere ein Handbuch für Palästina. Zwei Jahre später heiratete Ben Gurion Paula, eine Krankenschwester des jüdischen Krankenhauses, die ihm drei Kinder schenkte: Geula, geboren in Amerika, Amos, in London geboren, und Renana (»die Frohlockende«), die 1930 in Palästina das Licht der Welt erblickte.

Im Jahre 1920 wurde die Allgemeine Jüdisch-Palästinensische Arbeitergewerkschaft oder *Histadruth* gegründet, und Ben Gurion zu ihrem ersten Generalsekretär gewählt. Anfänglich umfaßte die Gewerkschaft etwa tausend Mitglieder, während heute die Mitgliederzahl drei Viertel der Bevölkerung umfaßt. Diese Vereinigung hatte und hat auch noch heute die Aufgabe, die Rechte der Arbeiter zu schützen und zu verteidigen.

Ein weiterer wichtiger Tätigkeitsbereich entwickelte sich in derselben Zeit: die *Haganah*, eine Organisation, die sich aus Zivilisten jeder sozialen Schicht zusammensetzte. Ihre Mitglieder wurden insgeheim im Gebrauch von Waffen ausgebildet, um bei etwaigen Zusammenstößen mit Arabern die jüdischen Dörfer und Straßen zu schützen und zu verteidigen. Ben Gurion erklärt die Notwendigkeit der Ausbildung für die Haganah folgendermaßen: »...Wäre unsere Verteidigungsfähigkeit weggefallen, wäre es uns niemals gelungen, neue Gebiete zu erschließen. Uns drohte ein machtvoller Angriff der arabischen Streitkräfte, mehr noch als in den vorangegangenen Jahren. Kaum war in einer abgelegenen Gegend ein neuer

Kibbuz aufgebaut worden, wurde er sofort angegriffen ... Keiner von uns hätte länger als ein paar Tage gelebt, wenn er nicht in der Lage gewesen wäre, sich zu verteidigen. Es war logisch, daß wir unsere Pläne zur Verteidigung organisieren mußten, auch wenn diese gegen das Mandatsgesetz verstießen. Wir waren daher gezwungen, im verborgenen zu agieren. Und obwohl unsere zionistischen Ideale auch in die Richtung gingen, eine Nation zu bilden, war uns vor allem daran gelegen, einen Juden voller Selbstvertrauen zu schaffen, einen Juden, der in seinem eigenen Land geschützt war und von niemand anderem abhängig war.«

An die Seite Ben Gurions trat 1927 Enzo Sereni, ein junger Mann aus der jüdischen Hocharistokratie Roms, der mit seiner Frau Ada nach Palästina ausgewandert war, um ihre *Alija* zu verwirklichen und in einem Kibbuz zu leben. Sereni hatte seine akademische Karriere in Italien aufgegeben, um sich vollständig der Sache des Zionismus zu widmen. Und er wurde von den gleichen Idealen und Zielsetzungen angetrieben, die viele Jahre zuvor Ben Gurion veranlaßt hatten, Rußland und seine Angehörigen zu verlassen. Die beiden vorrangigen Ziele für Enzo Sereni waren zum einen, die verschiedenen Jugendbewegungen in Palästina zu vereinigen, wo er als rechte Hand Ben Gurions arbeitete, und zum anderen die Vorbereitung *(shelichim)*, die Erziehung, die Einwanderung und die Ausbildung der Arbeiter *(chalizistica)* in allen Ländern der Diaspora zu verwirklichen und zu organisieren.

Während der grauenvollen Zeit des Naziterrors verspurte Sereni in sich die Verpflichtung, als aktiver Soldat in die britische Armee einzutreten, um mit den jüdischen Einheiten und den Flüchtlingslagern Kontakt aufnehmen zu können. Trotz des verzweifelten Versuchs Ben Gurions, ihn davon abzubringen, übernahm er die Mission, die ihn das Leben kosten sollte. Kurz vor seiner Abreise sagte er zu einem Freund: »Sag Ben Gurion und den Kameraden, sie sollen nicht versuchen, mich wieder nach Hause zurück zu holen und von meiner Aufgabe abzubringen …«

Von 1935 bis 1948 wurde Ben Gurion im Alter von dreiundvierzig Jahren Präsident der *Jewish Agency* in Jerusalem und offizieller Leiter der palästinensischen Zionistischen Weltorganisation (ZWO), die vierhunderttausend Mitglieder hatte.

Die britische Regierung veröffentlichte 1939 ein Weißbuch, in dem den Arabern versprochen wurde, daß Palästina ein arabischer Staat mit einer jüdischen Minderheit (30%) werde. Die Einwanderung der Israeliten sollte ebenso reduziert werden wie die Hoheitsgebiete, die ihnen als Eigentümer zur Verfügung gestellt worden waren.

Ben Gurion war ebenfalls Mitbegründer der *Mapai (Miflegeth Poale Erez Jisrael)*, der Israelischen Arbeiterpartei.

Als der Zweite Weltkrieg ausbrach, war die *Alija Bet*[81], das heißt der illegale Einwanderungsplan, bereits ins Rollen gebracht. In derselben Zeit wurde Ben Gurion durch die Hilfe Moshe Shertoks eine jüdische Brigade zuerkannt, und obwohl er wiederholt versuchte, Verhandlungen mit den Arabern zu führen, widmete er sich ab 1947 der Vereinigung aller Streitkräfte, die im Untergrund kämpften.

Nach dem Ende des Ersten Weltkriegs gründeten die Alliierten, die 1919 in Paris zusammengekommen waren, den Völkerbund. Dabei handelte es sich um eine weltweite Organisation, die festlegte, daß die deutschen wie auch die türkischen Gebiete von Großbritannien verwaltet werden sollten. Dieser Auftrag lief bis 1948, als Großbritannien, unfähig, den Konflikt zwischen Arabern und Juden zu lösen, auf das Mandat verzichtete und seine Truppen zurückzog.

Zu Beginn des Jahres 1947 forderte Großbritannien von

den Vereinigten Staaten die Einsetzung einer Sonderkommission, die sich mit der Palästinafrage befassen sollte. Die Mitglieder dieser Kommission begaben sich direkt vor Ort, um die Vertreter der betroffenen Länder zu befragen. In seiner Eigenschaft als Vorsitzender der Jewish Agency wurde Ben Gurion als erster herangezogen. In ruhigem Ton legte er die Situation seines Volkes dar und forderte in aller Entschiedenheit die Vereinten Nationen dazu auf, das Weißbuch aufzuheben, das Mandat zu beenden, einen jüdischen Staat zu errichten und eine Allianz zwischen den Israeliten und Arabern zu fördern. Eines der Mitglieder, von indischer Herkunft und moslemischer Religion, fragte ihn, ob er beabsichtige, Waffengewalt anzuwenden. Ben Gurion antwortete: »Sie nehmen also an, daß im Augenblick keine Waffen gegen jemand verwendet werden, und vielleicht tun Sie nur so, als ob Sie nicht wüßten, daß diese Waffen in Wirklichkeit gegen uns verwendet werden. Wären da nämlich nicht die Streitkräfte der britischen Marine, könnten viele Schiffe die Juden, die in den europäischen Internierungslagern sterben, in Sicherheit bringen. Ich frage: Warum wollen Sie die Juden mit Gewalt daran hindern, in ihr eigenes Land zurückzukehren?«

Eines der Kommissionsmitglieder fragte ihn, ob die Juden denn in der Lage seien, sich gegen die arabischen Kräfte zu verteidigen. Er antwortete prompt, daß man über dieses Problem hätte sprechen können, wenn die Vereinten Nationen Vertrauen in sie gesetzt hätten: »... Wir sind davon überzeugt, ein Recht auf ganz Palästina zu haben, doch wir sind auch dazu bereit, den Vorschlag eines jüdischen Staates in einem Teil Palästinas, der unseren Bedürfnissen entspricht, in Betracht zu ziehen.« Die Kommission stellte einen Plan für die Teilung des Territoriums auf, den die Vereinten Nationen jedoch nicht berücksichtigten, da er von den Arabern nicht akzeptiert wurde.

Am 14. Mai 1948 wurde der Staat Israel ins Leben gerufen. Ben Gurion, der das Amt des Ministerpräsidenten der provisorischen Regierung innehatte, verlas die Unabhängigkeitserklärung im Museum von Tel Aviv.

»Wir bieten allen unseren Nachbarstaaten und ihren Völkern die Hand zum Frieden und guter Nachbarschaft ... Im Lande Israel entstand das jüdische Volk. Hier prägte sich sein geistiges, religiöses und politisches Wesen. Hier lebte es frei und unabhängig. Hier schuf es eine nationale und universelle Kultur und schenkte der Welt das Ewige Buch der Bücher.« Der Text enthält die Hoffnung auf die Konsolidierung der gemeinschaftlichen Bindung zwischen dem jüdischen Staat, dem noch zu schaffenden palästinensisch-arabischen Staat und Jordanien. Israel war kaum sechs Stunden alt, als es von Ägypten, Jordanien, Syrien und dem Libanon angegriffen wurde. Ben Gurion wußte, wie entscheidend die folgenden Wochen für das Überleben der soeben entstandenen Nation sein würden.

Der Sicherheitsrat der Vereinten Nationen ordnete mehrfach an, die Feindseligkeiten einzustellen, und Ben Gurion nutzte die eingeräumten Zeiten der Waffenruhe dazu, die Haganah neu zu organisieren, um den folgenden Kämpfen begegnen zu können.

Anfang 1949 verloren die Araber die Hoffnung, Israel vernichten zu können, und verlangten, daß über einen möglichen Waffenstillstand verhandelt werde, was wenige Wochen später an einem neutralem Ort, in Rhodos, geschah. Im Mai desselben Jahres wurde Israel die Unabhängigkeit zuerkannt, und der neue Staat wurde aufgefordert, den Vereinten Nationen beizutreten.

Ben Gurion war nicht nur ein großer Staatsmann, sondern auch ein begeisterter Liebhaber der klassischen Literatur, der die Ansicht vertrat, daß man die Bücher in der

Originalsprache lesen müsse. Zu diesem Zweck bediente er sich der Hilfe eines jungen Sprachexperten, Yitzhak Navon, dem er das Amt eines politischen Sekretärs anvertraute. Mit seiner Unterstützung gelang es ihm, in den Originalsprachen Griechisch, Spanisch, Holländisch und Arabisch die klassischen Werke von Platon, Spinoza, Maimonides und Cervantes zu lesen. Er widmete sich dieser Lektüre sein ganzes Leben lang, aber besonders, nachdem er sich nach Sdeh Boker zurückgezogen hatte, wie die Anmerkungen in seinen Büchern bezeugen.

»In seiner Vielseitigkeit war Ben Gurion eine einzigartige Persönlichkeit. Er war ein Humanist, ein Kenner nicht nur der Bibel und der jüdischen Geschichte, sondern auch der griechischen Philosophie und des Buddhismus, und er führte ein Leben, das weltlich eingestellt, sozialistisch und seinem Land gewidmet war... Er war eine charismatische Führerpersönlichkeit und konnte die Menschen um sich herum begeistern, aber er war auch ein schlauer Staatsmann, der sich gekonnt durch die Mäander der internen Politik in den politischen Parteien Israels durchzuschlängeln verstand.« So hat ihn Shimon Peres in der Einführung zu dem Buch von G. E. Valori, das Ben Gurion gewidmet ist, beschrieben.

Es ist Professor Valori zu verdanken, daß an der Universität von Peking ein Studienzentrum gegründet wurde, das den Namen Ben Gurions trägt, um die Erinnerung an die legendäre Gestalt des großen Führers wachzuhalten.

Nach dem Tod Weizmanns im Jahr 1952 wird sein Freund und »Zwilling« Ben Zwi zum Staatspräsidenten von Israel gewählt.

Auch nach zwanzig Jahren war Ben Gurion noch der »Herr Israel«: Er hatte den Staat gegründet und war als sein größtes Oberhaupt anerkannt. Obwohl er mittlerweile achtzig Jahre alt war und sich nach Sdeh Boker zurückgezogen hatte, nahm er als Parteiführer noch aktiv am politischen Leben teil.

In seinem Buch *The New Middle East* erinnert Shimon Peres an die territoriale Teilung, die 1947 von den Vereinten Nationen vorgeschlagen worden war, und er behauptet: »Ben Gurion erkannte damals in aller Deutlichkeit, daß die politische Unabhängigkeit seines Volkes unausweichlich mit einer Teilung zwischen Juden und Arabern, auf der Basis eines unvermeidlichen realistischen Kompromisses, verbunden war. Und er folgerte daraus, daß keine der beiden Parteien die Möglichkeit hätte, alle ihre nationalen Bestrebungen zu verwirklichen, und einige Zielsetzungen geopfert werden mußten, um andere zu erreichen.«[82]

Im Jahre 1953 trat Ben Gurion, verbittert über die ständigen Auseinandersetzungen innerhalb der Regierung, von den Ämtern des Regierungschefs und Verteidigungsministers zurück. Zwei Jahre später kehrte er als Verteidigungsminister in die Regierung zurück und übernahm von neuem das Amt des Ministerpräsidenten. Beim Tode Ben Zwis am 23. April 1963 gab er dann endgültig seine Regierungsämter auf.

Im Kibbuz von Sdeh Boker entwarf er das Projekt der RAFI (Liste für eine israelische Arbeiterpartei), was ihm jedoch den Ausschluß aus der *Mapai* einbrachte. Aus seiner Zurückgezogenheit sandte Ben Gurion eine Botschaft an die Regierenden seines Volkes, an die arabischen Staaten und schließlich die ganze Welt: »Israels Regierung muß die Gebiete zurückgeben, die während des Fünftagekriegs besetzt wurden, sofern die arabischen Staaten das Recht der Juden anerkennen, frei und unabhängig auf dem Territorium ihrer Väter zu leben. Nach so vielen Jahrhunderten des Kampfes und der Entbehrungen, der Verfolgungen und Blutbäder hat das jüdische Volk das Recht auf eine Heimat.«

Bei den Parlamentswahlen von 1965 setzte sich die von Ben Gurion vorgeschlagene Liste, die sich in eine unabhängige Partei gewandelt hatte, mit 1226 zu 842 Stimmen durch. Auf ihrer Seite scharten sich Vertreter der »jungen Garde« des israelischen Labourismus zusammen: Dayan, Peres, Almogi und Navon.

Trotz aller Brüche und des entstandenen spannungsgeladenen Klimas unternahm der alte Löwe von seinem Kibbuz aus noch viele Reisen, um Mittel für die Gründung einer Schule in Sdeh Boker zu sammeln. Im Jahre 1966 huldigte ihm das ganze Land zur Feier seines achtzigsten Geburtstags.

Dem »Sechstagekrieg« von 1967 und dem Jom-Kippur-Krieg von 1973 stand er als Gegner der kriegerischen Ereignisse gegenüber, die er politisch für zu riskant hielt. Wegen des Verlusts seiner Ehefrau, Paula, war 1968 ein sehr schwieriges Jahr für ihn. Doch 1971 suchte ihn Golda Meir auf, die damalige Ministerpräsidentin, um ihm bekanntzugeben, daß von der Knesset ein Gesetz verabschiedet worden war, das es ihm erlaubte, nochmals zu seinem Land zu sprechen. Und so lieferte der alte politische Führer und Philosoph mitten in der Wüste von Negev den jungen Menschen den Beweis eines idealen Vorbilds, dem es zu folgen galt: »Man kann die höchsten Tugenden nicht erreichen, wenn man nicht Idealist ist. Die Juden sind chronische Idealisten, und das ist es, was mich so stolz macht, diesem Volk anzugehören und bei seinem Höhepunkt dabeigewesen zu sein.«

In den fünfzig Bänden, die sein täglich geführtes Tagebuch umfaßt, gibt Ben Gurion weder einen Hinweis auf seine eigene Person noch auf andere freundlich oder feindlich gesinnte Persönlichkeiten, mit denen er in seiner Zeit als Ministerpräsident in Beziehung stand. Diese Zurückhaltung erklärt sich daraus, daß sein Tagebuch als

Dokument ein Gemeingut darstellte. Die einzige Ausnahme innerhalb dieser strengen Objektivität, die er bei der Skizzierung von Ereignissen und Persönlichkeiten befolgte, bildeten die Anmerkungen über seinen Lieblingsdichter, Ch. N. Bialik: »Bialik war der größte jüdische Dichter nach den Propheten und den Psalmisten ... er war ein spiritueller Führer seines Volkes und die Person, die den entscheidenden Impuls für die Wiedergeburt Israels gab.« In den folgenden, hier wiedergegebenen Versen ruft Bialik den »Ewig wandernden Stern« an, ihm die Straße seines Nomadendaseins zu erleuchten, so daß es ihm niemals an der Hoffnung fehle, der einzigen Stütze auf dem langen Weg, den er noch gehen muß:

Ein umherirrender Stern flammte aus dem Dunkel.
Erhelle mir, o Stern, die Tränen des Weges!
Ich fürchte nicht den Sheol,
sondern das Leben. Es ermüdet mich das einsame Leben.
Ich habe mich ans Joch gewöhnt und an die Bürde,
arm bin ich, der Älteste der Nomaden.
Exil heißt mein Vater, und Elend meine Mutter,
darum fürchte ich nicht Wanderstab noch Sack.
Denn sicher ist es grausamer und sicher abscheulicher
ohne Hoffnung und ohne Licht in den Augen zu leben ...

So erhelle, o vagabundierender Stern, mein Herz,
das betrübt ist vom Leben in der Fremde und vom Exil:
Laß dein Licht leuchten, führe mich in der Finsternis!
Ich bin bereit fortzugehen und bereit zu hoffen.
Wer weiß, wie lang die Nacht noch dauert,
und wieviel des Weges ich noch beschreiten muß! ...

Anläßlich seines hundertsten Geburtstags erinnerte die *Jerusalem Post* an Ben Gurion »als einen nationalen Führer, der mit prophetischem Geist und gleichzeitig politischem Pragmatismus und ungeheurem Mut gesegnet war«.

In seiner Art zu sprechen und zu handeln war er so eigenwillig, daß er oft unvernünftig wirkte. Andererseits aber war er schnell und unbeugsam, wenn er vor schweren Entscheidungen stand. In jeder seiner Handlungen offenbarten sich höchste Sensibilität und Mitgefühl für die Menschen – Empfindungen, die hinter einer Maske der Kälte verborgen wurden. Sein Ansehen als außergewöhnlicher Politiker litt jedoch unter den unzähligen Mißerfolgen wie zum Beispiel dem aus dem Jahr 1939, als er vergeblich versuchte, die Parteilichkeit des berühmten englischen Weißbuchs zu beweisen, das vollständig zugunsten der arabischen Sache und gegen Israel ging und den Juden drastische Beschränkungen auferlegte.

Fünfundzwanzig Jahre danach vermerkte Ben Gurion mit Bitterkeit, daß viele seiner Anhänger damals das Lager wechselten und sich seinen Programmen widersetzten.

In den folgenden Jahren trat nach Ben Gurions Demission genau das ein, was er befürchtet hatte, das heißt, die fanatischen Tendenzen gewannen die Oberhand. Es wurde unmöglich, eine Versöhnung mit den benachbarten arabischen Völkern zu erreichen, deren Zahl um so vieles höher lag als die der jüdischen Bevölkerung.

In seinem kürzlich erschienenen Buch *Rapporto sul Medio Oriente* schreibt Arrigo Levi: »Die Palästinenser brauchten fast ein halbes Jahrhundert, um die Weisheit der Strategie Ben Gurions anzuerkennen und in die Tat umzusetzen …«[83]

1930 hatte Ben Gurion im Rahmen eines nationalen Kongresses geäußert: »Aus dem Nichts haben wir eine neue Existenz geschaffen: nicht nur Dörfer, Städte, Industrie und Schulen – sondern einen neuen Juden, eine neue jüdische Gesellschaft.«

Einunddreißig Jahre später wiederholte er noch einmal, wofür er im Lauf seines ganzen Lebens eingetreten war: »Ein schlechter Friede ist besser als ein guter Krieg.«

Bei seinem Tod im Dezember 1973 strömte eine riesige Menschenmenge aus allen Ländern nach Jerusalem, um Ben Gurion, dem Gründer des Staates Israel, die letzte Ehre zu erweisen. Nicht offizielle Reden, sondern die andächtige Stille von Tausenden von Menschen war die Huldigung, die er sich auch selbst gewünscht hätte.

Die Verse des spanischen Dichters Antonio Machado scheinen die Hoffnung zusammenzufassen, die der alte Staatsmann gern verwirklicht gesehen hätte:

... Purpurner Spiegel war der Ruhm des Sonnenuntergangs,
er war ein Glas aus Flammen, das der alten
Unendlichkeit den schweren Traum auf die Ebene schleuderte ...
Und ich hörte den tönenden Sporn meines Schrittes
fern im blutroten Sonnenuntergang widerhallen,
und noch weiter entfernt den heiteren Gesang der reinen Morgenröte.[84]

Leider wurde dieser Traum in den späteren Jahren nicht verwirklicht. Die jungen Menschen, die 1998 das historische Ereignis des fünfzigjährigen Bestehens des Staates Israel begangen haben, sollten immer die Hoffnung beherzigen, die Ben Gurion während seines ganzen Lebens vertreten hatte: Frieden um jeden Preis.

Pablo Picasso (1881–1973)

Geh nicht gelassen in die gute Nacht,
Brenn, Alter, rase, wenn die Dämmerung lauert …

Dylan Thomas[85]

In seiner vorzüglichen, gut belegten Biographie über den katalanischen Künstler Picasso umreißt der Schriftsteller P. O'Brian mit den Versen von Dylan Thomas das ungeheure Engagement und den Enthusiasmus, mit dem der Mann, der als das Jahrhundertgenie bezeichnet wurde, das Ende seines außergewöhnlichen Lebens angetreten hat.

Im Jahr 1888 begann Picasso, erst siebenjährig, unter der Anleitung seines Vaters zu malen, der wenige Jahre später, als er das große Talent seines Sohnes erkannte, selbst auf das Malen verzichtet. Nach dem brillanten Abschluß seiner Studien malt er 1896 eines seiner ersten Ölgemälde: *Die Erstkommunion*. Als Don José mit ihm den Prado in Madrid besucht, betrachtet Pablo begeistert die Werke großer spanischer Künstler wie Velázquez, Zurbarán und Goya. Der Vater, der an der Akademie der Schönen Künste in Barcelona eine Stellung als Lehrer erhält, hat die Möglichkeit, den Sohn dort einschreiben zu lassen, obwohl dieser erst vierzehn ist. Bei den Aufnahmeprüfungen, deren schriftliche Aufgabe das Thema hat: Antike, Natur, Portrait nach dem Leben und Malerei, versetzt Pablo die Jury in Erstaunen, da er die Aufgabe, für die die Studenten normalerweise einen Monat Zeit haben, innerhalb eines Tages sicher und präzise erfüllt.

Zwei Jahre später legt er sämtliche Prüfungen ab, die es an den spanischen Hochschulen für Schöne Künste gibt.

Roland Penrose, der bekannteste Biograph Picassos, beschreibt die Angehörigen der väterlichen Linie des Picassoschen Stammbaums: »Opferbereitschaft, Zähigkeit, Mut, Empfänglichkeit für die Kunst und Aufrichtigkeit bei religiösen Fragen kommen bei seinen Ahnen immer wieder zum Vorschein.«

Der Stil des Schülers Ruiz Picasso – so hatte er seine ersten Bilder signiert – wird immer ungezwungener und freier. In den letzten Jahren des 19. Jahrhunderts begann er, seine Werke nur noch mit dem Namen Picasso zu signieren. Seinen Freunden erklärt er, daß dieser Name klangvoller sei und daher seinem künstlerischen Werk besser entspräche. Im Jahr 1900 unternimmt er die ersten Reisen nach Paris, und dort wird er von den von Toulouse-Lautrec und Renoir gemalten Genrebildern und Portraits ebenso beeinflußt wie von der Malerei El Grecos. Die Sensibilität des Heranwachsenden macht ihn besonders empfänglich für die Welt der Vereinsamten, der Säufer und Prostituierten, also für all jene Menschen, die am Rand der Gesellschaft leben. In dieser Zeit fand er in Max Jacob einen geistigen Gefährten.

Der noch nicht zwanzigjährige Picasso besucht regelmäßig das Kabarett »Els Quatre Gats« in Barcelona, einen Treffpunkt der modernistischen Bewegung, wo auch die Intellektuellen zusammenkamen. Am 1. Februar 1900 findet im Aufführungssaal des Kabaretts seine erste Ausstellung statt, und sie hat Erfolg: Er verkaufte viele seiner Werke, die er auf Zeichenpapier gemalt hatte.

Im Jahr 1901 begibt er sich zusammen mit seinen Freunden Casagemas und Pallarés nach Paris und kehrt anschließend, gestärkt von der Pariser Erfahrung, nach Spanien zurück, wo er mit einer neuen Zeitschrift, *Arte Joven*, zusammenarbeitet. In dieser Zeit wird er von einem dramatischen Ereignis getroffen, das sein Leben und seine Kunst beeinflussen soll.

Sein damaliger Seelenzustand markierte den Beginn der

Blauen Periode im Sommer 1901, unmittelbar nach dem Tode Casagemas', der sich aus Liebeskummer das Leben nahm. Dieser Tod trieb Picasso dazu, mit dem Meisterwerk *Evokation*, auf dem das Begräbnis seines Freundes dargestellt ist, den Beginn dieser Phase einzuleiten. Als die beiden das erste Mal Paris besucht hatten, hatte das ausschweifende Leben der Stadt auf beide eine tiefe Wirkung ausgeübt, konfrontierte es sie doch mit Gebräuchen, die im Spanien jener Zeit undenkbar waren.

Blau ist die Farbe der Nacht, des Meeres und des Himmels: Es ist eine tiefe, kalte Farbe, die mit seinem damaligen Gemütszustand übereinstimmt. In einem Gemälde aus der gleichen Zeit, *Alter Gitarrespieler* (1903), stellt Picasso das Thema der Blindheit dar, ein Thema, das ihn quält. Die Bedeutung dieses Werkes liegt in der Idee, daß der wahre Blick in der inneren Vision besteht, die der Künstler in sich trägt.

Die Blaue Periode setzt sich in Barcelona bis Ende des Jahres 1904 fort und findet ihre Realisation in vielen Werken, in denen Picasso Verfall und Elend, Melancholie und Gebrechen, Alter und Verzweiflung zum Ausdruck bringt *(Mutter und Kind [Das kranke Kind], Das Paar, Frau mit hochgestecktem Haar; Das Mahl des Blinden, Der Verrückte, Frau mit Halstuch, Celestina)*. Eine für die Blaue Periode signifikante Landschaft wird in dem allegorischen Werk *La Vie* [Das Leben] dargestellt: Die beiden nackten Körper in der linken Ecke des Bildes scheinen ihren letzten Lebenstag zu erleben; die Figur der Mutter mit dem Kind bildet ein kahles, fast monotones Ganzes. Dic mehr oder weniger intensiven Farben scheinen sich aufdrängen zu wollen, um die bittere Wahrheit des Lebens kundzutun. Maurice, ein Freund Gauguins, schreibt in einem Artikel über Picasso: »Seine Malerei selbst ist krank ... Sollte man schließlich hoffen, daß diese Malerei gesundet?«

Cesare Brandi beschreibt die Veränderung, die den Übergang von einer Periode zur anderen bezeichnet: »Das hellere Blau wird zunehmend dünner und erlaubt so das Eindringen anderer heller, unvermischter Farben, milchige Formen in Gouachetechnik, die weder durch strukturelle Effekte noch durch Lichtkontraste voneinander getrennt sind. Es sind die Farben der Flicken des Harlekins und so aufgenommen, als wären sie ein eigenes Objekt ... Sie sind der Umgebung leicht entfremdet wie ein kolorierter Druck und auf vorzügliche Weise dosiert ...«[86]

Die Rosa Periode kennzeichnet für Picasso ein neues künstlerisches Stadium. Er verliebt sich in die junge Fernande Olivier, verzichtet immer mehr auf die Farbe Blau und malt eine beträchtliche Anzahl von Bildern, bei denen er die Farben Rosa und Rot einführt.

Gertrude Stein erinnert sich daran, wie gern Picasso zusammen mit den Freunden Jacob, Apollinaire und Salmon die Zirkusartisten aufsuchte, und kommentiert diese Zeit so: »Wenn ich sage, daß die Rosa Periode leicht und glücklich war, so ist das relativ: Die glücklichen Sujets waren immer auch ein wenig melancholisch ... dennoch war es aus Picassos Sicht eine leichte, glückliche und fröhliche Zeit, eine Zeit, in der er sich damit zufrieden gab, die Dinge so zu sehen, wie jederman sie sah.«

Die Farbe Rosa wird immer intensiver und nimmt dabei den Ocker-Farbton an. Picasso kehrt für einen Ferienaufenthalt in Gósol nach Spanien zurück. Wieder in Paris, lernt er im Hause Stein Matisse kennen und entdeckt durch ihn die Schönheit afrikanischer Skulpturen.

Mit dem *Selbstbildnis mit Palette* setzt Picasso dieser Periode ein Ende. Auf einem zweiten *Selbstbildnis* trägt sein Gesicht einen rätselhaften Ausdruck, und die Züge erscheinen in äußerst markanten Linen, die mit breiten Pinselstrichen ausgeführt sind.

Auch wenn der *Harlekin* das erste Gemälde aus dieser Serie ist, so sind doch die *Gaukler* das ambitionierteste Werk der Rosa Periode. Picasso erlangt die Beherrschung über seinen Willen wieder, und die Realität entwickelt sich für ihn zu einer Konstante von deutlicher Unbeständigkeit. Diese innere Verfassung des Künstlers offenbart sich in den dargestellten Figuren, deren Grundzug die Bewegungslosigkeit ist.

Unter den Freunden, die dieses Werk 1905 bewundern, ist auch der Dichter Rainer Maria Rilke, der in den Versen der fünften *Duineser Elegie* die Darstellung auf dem Bild fortzuführen scheint:

Wer aber sind *sie, sag mir, die Fahrenden, diese ein wenig*
Flüchtigern noch als wir selbst, ... kommen sie nieder
auf dem verzehrten, von ihrem ewigen
Aufsprung dünneren Teppich, diesem verlorenen
Teppich im Weltall.

Zwei Werke, die am Ende der Rosa Periode entstehen, bewirken eine Revolution in der Malerei – die Portraits von Guillaume Apollinaire und Gertrude Stein. Die Realitätsnähe der Rosa Phase wird von den schweren, kantigen und sehr plastischen Formen abgelöst, aus denen bereits die geometrischen Formen des Kubismus erkennbar sind. Für Picasso ist es der Beginn eines neuen Abenteuers.

Die Zeit des Kubismus bahnt sich durch die Begegnung mit Georges Braque an, den ihm der Dichter Apollinaire vorstellte. In Picassos Denken vollzieht sich ein Wandel, und er sagt in bezug auf seine frühere Produktion: »Sie ist nur Gefühl.« Besonders beeindruckt ihn eine Ausstellung iberischer Bronzen, die er im Louvre besucht. Man schreibt das Jahr 1906, als Picasso das Portrait von Gertrude Stein malt, bei dessen erstem Anblick sie nach vielen

Sitzungen selbst ausrief: »Ist das mein Bild?« Aber dann fing sie sich sofort wieder: »Im Grunde ist wirklich alles vorhanden.«

Das Gemälde *Les Demoiselles d'Avignon* stellt die Isolation des Künstlers dar. Die weiblichen Körper erscheinen ebenso wie die Gesichter monströs und mißgestaltet. Es geht das Gerücht um, Picasso habe ein sehr sonderbares Bild gemalt. Doch trotz der Bestürzung und des drohenden Skandals will der Kunsthändler und Literaturkritiker Kahnweiler das Bild kaufen, aber Picasso gibt lediglich die Skizzen dazu her. Zur Erklärung seines Werkes sagt er: »... ich habe in ein Gesicht en face eine Nase im Profil gemalt. Ich habe sie schief darstellen müssen, um sie kenntlich zu machen und sie als ›Nase‹ bezeichnen zu können. Man hat deshalb von Negerkunst gesprochen. Haben Sie jemals eine einzige Negerplastik, nur eine einzige, mit einem Profil in einer Maske en face gesehen?« Sicher entdeckt er den Kubismus nicht mit diesem Werk allein, im Gegenteil, er hält die Malerei Cézannes für wertvoll, was er zuvor nicht tat. Doch nun will er aus allen alten Künsten Nutzen ziehen, ob es sich um das Mittelalter oder die außereuropäischen Künste handelt.

Die Landschaften und Stilleben, die Picasso 1908 malt, sind alle der Inspiration Cézannes zu verdanken. *Obstschale und Brot auf einem Tisch* stellt das signifikanteste Gemälde der kubistischen Periode dar. Die Gegenstände sind räumlich gut verteilt und mit sachkundig umschriebenen Kurven und Ecken dargestellt. Dann beschloß er, diese Methode auch auf die Darstellung menschlicher Figuren anzuwenden. Im Jahr 1910 malt er das Portrait von Wilhelm Uhde, einem deutschen Kritiker und Sammler, der zusammen mit Schtschukin und Gertrude Stein unter den ersten war, die Picassos Bilder erwarben.

Das Gemälde wird mit einer Zerlegung der Bildfläche realisiert, aus der ein ziemlich kompliziertes Spiel scharfer Facettierungen hervorgeht. Kahnweiler sagt: »... daß der große Schritt getan ist. Picasso hat die homogene Form explodieren lassen.« Der Kubismus setzt sich immer deutlicher durch, und 1912 wird er sogar im Parlament diskutiert. In einer 1909 geschaffenen Plastik mit der Bezeichnung *Kopf einer Frau* wird die Facettierung der dargestellten Figur durch markante Unterteilungen noch weiter betont.

Picasso selbst beschreibt diese Periode, die eine Entwicklungsstufe in seinem Werk kennzeichnet, das zwar in mehr oder minder strenge Perioden unterteilt ist, aber doch immer überaus reich und außerordentlich ist: »Der Kubismus ist weder der Samen noch der Keim einer neuen Kunst: Er stellt eine Etappe in der Entwicklung der ursprünglichen malerischen Formen dar. Diese erzielten Formen haben ein Recht auf ihre eigenständige Existenz ... Für mich existiert weder Vergangenheit noch Zukunft in der Kunst. Wenn ein Kunstwerk nicht immer in der Gegenwart lebt, ist es überhaupt nicht interessant. Die Kunst der Griechen, der Ägypter und der großen Maler, die in anderen Epochen lebten, ist keine Kunst der Vergangenheit, sondern ist vielleicht heute noch lebendiger denn je. Die Kunst hat sich nicht aus sich selbst heraus entwickelt, sondern es sind die Ideen der Menschen, die sich wandeln, und mit ihnen ihre Art und Weise sich auszudrücken.«

In einem Gemälde von 1914 kehrt er zu mehr lebhaften Farben und einer pointillistischen Technik zurück. Picasso malt es in der Zeit, als er sich in Eva (Marcelle Humbert) verliebt. Die Idee, in das Bild eine Partitur einzufügen, entspringt vielleicht dem Wunsch, seine Liebe in der Malerei zu besingen.

Nach Evas Tod wird seine künstlerische Produktion deutlich langsamer und tendiert zu einer mehr reflektiven Haltung, die in der folgenden neoklassischen Periode deutlich wird. Seinem kubistischen Werk widmet sich Picasso nun mit weniger Intensität, aber ihm bleibt die außergewöhnliche Leistungsfähigkeit erhalten, die sein Werk zum Endpunkt des Kubismus macht. Jedoch zeichnen sich die zahlreichen Portraits von Olga, die zwischen 1917 und 1923 gemalt sind, durch tiefgehende Unterschiede aus.

Im Jahr 1917 begibt sich Picasso nach Rom, wo er ganze Tage damit zubringt, die herrlichen Barockdenkmäler, die Kirchen und Skulpturen großer Künstler zu bewundern. Nach den Jahren der Trauer findet der Künstler in der Harmonie der antiken griechischen und römischen Statuen erneut die Freude wieder. Dann erhält er den Auftrag, die Bühnenbilder und die Kostüme für *Parade* zu schaffen, ein Ballett für die russische Truppe [»Ballets Russes«] von

Sergej Diaghilew, der berühmtesten im Europa der ersten Hälfte des 20. Jahrhunderts. Als das Ballettkorps sich nach Barcelona begibt, lernt Picasso Olga Koklowa kennen, die Diaghilews Truppe angehört, und das Portrait, das er in einem gemieteten Zimmer in der Nähe des Hafens von ihr malt, ist das wichtigste Werk aus dieser Zeit. Bei der Abreise der Ballets Russes bleibt Olga bei Picasso, und das Paar kehrt im Herbst desselben Jahres nach Paris zurück, wo es am 12. Juli des folgenden Jahres heiratet. Picassos Lebensstil ändert sich. Es beginnt die mondäne Pariser Phase mit einer Betriebsamkeit, die seine alten Freunde nicht teilen. Die Inspiration zu dem Gemälde *Badende Frauen* läßt sich auf seinen Aufenthalt in Italien zurückführen: Plastische Kurven und lebhafte Farben verflechten sich ineinander. Das Hauptmerkmal aller Werke aus dieser Zeit ist die Übertreibung bestimmter anatomischer Aspekte der monumentalen, schweren, massiven Figuren *(Kopf einer Frau, Sitzende Frau, Die Brieflektüre)*. Viele Werke aus dieser Zeit beziehen sich auf den Aufenthalt in Italien *(Drei Frauen an der Quelle, Laufende Frauen am Strand, Die Panflöte* etc.), und zwar besonders deutlich, wenn er auf ein bestimmtes Fresko von Raffael und die Fresken in der Villa dei Misteri in Pompei zurückgreift.

Picassos Haltung in der Realisierung seiner Werke wird immer provokanter, und es hat durchaus den Anschein, als wollte er einen Skandal auslösen. Das Jahr 1925 ist entscheidend für Picasso, nicht nur wegen der neuen Kompositionen, in denen die intensiven Rot- und Blautöne sich mit schlanken, zergliederten Formen in mehrdimensionalen Spielen verschränken, sondern auch wegen seiner Beteiligung an einer Sammelausstellung mit Masson, Miró, Man Ray, Klee und Arp. Es ist die erste surrealistische Ausstellung, an der der Künstler teilnimmt.

Im Jahr 1928 schuf er aus Metalldrähten eine Skulptur,

die man zum Gedenken an den Dichter Apollinaire von ihm erbeten hatte. Doch der Entwurf wurde von dem Komitee als »zu radikal« verworfen, worauf Picasso erklärte: »Ich will ihm eine Statue errichten, die aus dem Nichts gemacht ist – ebenso wie Dichtung und Ruhm … ein Monument der Leere.« In den folgenden Jahren formte er weitere Skulpturen, die er selbst als »transparent« bezeichnete; diese Werke stellten eine bedeutsame Wendung in der Geschichte der Skulptur dar. Im Jahr 1930, als er das Schloß in Boisgeloup bei Paris kauft, beginnt er wieder, mit Ton und Gips zu modellieren.

Seine Hinwendung zum Surrealismus ist durch das Erscheinen von Figuren gekennzeichnet, deren irrwitzige Formen voller Geheimnis und Sinnlichkeit sind, als wären sie in zertrümmerten Räumen dargestellt, wie sie für den Kubismus typisch sind. De Micheli beschreibt Picassos Verhältnis zur Welt auf die folgende Weise: »Picasso sieht die Welt nicht als eine unbewegliche und unveränderliche Realität, sondern ganz im Gegenteil als etwas, das sich ständig in Bewegung und in Veränderung befindet. Ja, man ist versucht zu sagen, daß seine Weltsicht einer elementaren dialektischen Naturauffassung entspringt, in die sich andere, ursprüngliche Intuitionen mischen, die gelegentlich durchaus einen magischen Ton annehmen. Diese Art, die Realität zu begreifen, offenbart sich vor allem in den Skulpturen, besonders in denen, die in den letzten zwanzig Jahren geschaffen wurden. Gleichwohl hat sich Picasso nicht erst in diesen letzten zwanzig Jahren eine derartige Realitätsauffassung zu eigen gemacht. Diese entwickelte sich in ihm bereits sehr früh.«[87]

Die *Suite Vollard* ist ein Zyklus von siebenundzwanzig Stichen, an dem Picasso besonders intensiv gearbeitet hat und mit dem er beabsichtigte, die Geschichte des Minotaurus zu erzählen. In der Darstellung der sich überlappenden Szenen scheinen die Symbole hervorzutreten, die in der Persönlichkeit des Künstlers verkörpert sind. Der Künstler identifiziert sich in der *Minotauromachie* mit der Figur des Minotaurus, und die Corrida verquickt sich mit dem griechischen Mythos.

Im selben Jahr kommt es zur Trennung von Olga, und im Oktober wird die Tochter Maya geboren, die ihm Marie-Thérèse Walter schenkt. *Interieur mit zeichnendem Mädchen* ist ein Portrait von Marie-Thérèse.

Er bittet seinen Freund Sabartés, nach Paris zu kommen, und der zieht zu ihm, um ihn nie mehr zu verlassen und später sogar sein Sekretär zu werden. Dies ist nach seiner eigenen Aussage die schlimmste Zeit seines Lebens, und das Bild *Große Badende mit Buch* von 1937 läßt ein Gefühl größter Verlorenheit erkennen, »eine solche Ausweglosigkeit«. Die Figuren verkeilen sich in einer grotesken Komposition ineinander.

Picasso legt im selben Jahr den Pinsel zur Seite und schreibt zwei Stücke für das Theater: *Wie man Wünsche beim Schwanz packt* und *Die vier kleinen Mädchen*. Darüber hinaus setzt er sich mit der Dichtkunst auseinander und intensiviert, wie Sabartés berichtet, seine literarische Arbeit: »Zum Schreiben ist ihm jeder Platz recht: eine Tischecke, der Rand eines Möbelstücks, die Armlehne eines Sessels, auch sein Knie. Nur ruhig muß es um ihn herum sein. Kaum ist er allein ... zieht er sein Notizbuch hervor.«

Erst 1939 begeistert er sich für die Idee, ein Buch mit seinen gesammelten Schriften zusammenzustellen, aber trotz seines Enthusiasmus bleibt das Projekt halbfertig liegen, und wieder ist es Sabartés, der kommentiert: »Wollte man das Buch so zusammenstellen, wie Picasso es geplant hat, würde es sicherlich auf das genaueste seine Persönlichkeit widerspiegeln und gäbe ein sehr getreues Portrait von ihm wieder. Man würde darin jene besondere Unordnung erkennen, die auf eine ihm gemäße Weise geordnet und äußerst konsequent ist ... Es gäbe darin Buchstaben und Zahlen, die aneinander gereiht wären oder auch nicht, die Bündel von Parallelen bildeten und manchmal vollkommen horizontal wären, aber sich manchmal auch nach unten neigten oder nach oben sprängen wie die Schrift von jemandem, der sich von der Begeisterung oder der Ungeduld hinreißen ließ. Und es gäbe darin Korrekturen, Abschabungen und Flecken, menschliche Sätze und Umrisse von Gegenständen, die einmal vollkommen verständlich, dann wieder mehrdeutig wären; Einfachheit und Komplexität würden darin das gleiche faszinierende Spiel veranstalten, das in seinen Bildern, seinen Zeichnungen, seinem Haus und in ihm selbst zu erkennen ist; auf ein und derselben Seite oder auf verschiedenen Seiten würden alle Schritte einer Gravierung erscheinen ...«

Wenn man Picassos Gedichte liest, besteht kein Zweifel, daß sie von dem Künstler geschrieben sind, denn an all seinen Versen haben die Farben einen bestimmenden Anteil:

Almosen sammelnd in seinem goldenen Teller
für den Garten gekleidet
ist der Torero schon da
blutend zwischen den Falten der Kappe.

Bereits nach der ersten Lektüre seiner Schriften wird der Zusammenhang zwischen seinem poetischen und seinem bildnerischen Werk ersichtlich. Picassos Kreativität tritt uns aus jedem Vers und jeder Redewendung entgegen, mit denen er uns den Weg seiner intuitiven Assoziationen beschreiten und uns in die phantastische Vitalität, die seiner Kunst entströmt, eintauchen läßt.

Die Stunden fallen in den Brunnen
und schlafen ein für immer,
jede Uhr, die ihre Glocke schlägt,
weiß schon, was ist,
und macht sich keine Illusionen.

In einem Brief sagt Maria Picasso zu ihrem Sohn: »Man erzählt mir, Du schreibst. Bei dir scheint mir alles möglich. Wenn du mir eines Tages erzähltest, du hättest eine Messe gelesen, würde ich dir auch das glauben.«

Bei einem Maler wie Picasso hat die Kreativität den Künstler so ausschließlich in Anspruch genommen, daß er alle gesetzten Grenzen überschreitet. Sowohl aus seinen Bildern wie auch aus seinen Schriften und Gedichten tritt uns die gesamte Persönlichkeit in ihrem ganzen geistigen, emotionalen und physischen Kontext entgegen. Jedes Wort von ihm, jede Vision, die er überträgt, ermöglichen eine immer tiefer gehende Entdeckung, die uns zum Verständnis seiner Werke führt. Picasso drückt es so aus: »Ein Bild ist nie vorher erdacht oder beschlossen; während es komponiert wird, folgt es dem Wechsel der Gedanken, und wenn es fertiggestellt ist, verändert es sich ständig weiter, entsprechend dem emotionalen Zustand desjenigen, der es betrachtet. Ein Bild lebt sein eigenes Leben wie eine Person ... es lebt nur durch den Menschen, der es betrachtet.«

Dora Maar, eine junge Malerin und Fotografin jugoslawischer Abstammung, ist auf einem Portrait dargestellt, das ihren Namen trägt, *Bildnis Dora Maar*: Braunhaarig mit verschiedenfarbigen, klugen Augen, wirken Gesicht und Körper in dieser Konstruktion, als handele es sich um die Komposition eines Stillebens. Sie scheint eingeschlossen zu sein zwischen horizontalen und vertikalen Linien, die den Raum begrenzen, als wäre er ein Gefängnis, als sollte dadurch eine Frau dargestellt werden, die im Krieg Schmerz erleidet. Im Gegensatz dazu steht das Bild der Marie-Thérèse, einer blonden Frau mit sehr viel helleren Farben, die aber ebenso zwischen Wänden eingesperrt ist.

Im Jahr 1937 gibt die republikanische Regierung von Spanien bei Picasso ein Werk in Auftrag, das sein Land bei der Internationalen Ausstellung für Kunst und Technik in Paris vertreten soll. Der Künstler stellt in diesem Gemälde von sieben Meter Länge in einer schwarzweißen Komposition die Zerstörung einer Stadt dar, die im Laufe des Bürgerkriegs zwischen Republikanern und Faschisten unter dem Franco-Regime erfolgt war. Auf diesem meisterhaften dramatischen Werk erscheinen die Ebenbilder des Pferdes, das bereits im *Stierkampf* dargestellt war, und außerdem zerstückelte, gepeinigte Menschen, die um Hilfe schreien.

Der Biochemiker Polany vergleicht in einem kürzlich erschienenen Artikel Picassos abstrakte Kunstwerke mit den Arbeiten der abstrakten Wissenschaft (Grundlagenwissenschaft), die am Anfang wegen ihrer scheinbaren Bedeutungslosigkeit oftmals mißachtet werden. Aber er stellt abschließend fest, daß sie Größe hätten, den Lauf der Geschichte »wie ein Meilenstein« bestimmten: »Zu unserem großen Glück hat uns Picasso verschiedene Skizzen, alle vom 1. Mai 1937 datiert, in einer ständigen Ausstellung in Madrid hinterlassen, auf denen er über sein wahrscheinlich kraftvollstes Gemälde ›nachsann‹ und die Elemente von Guernica ›zusammenwarf‹. Die symbolischen Elemente dieses Meisterwerks – verdunkelte Lichter, geschundene Tiere, zerstückelte Knaben, gebrochene Eltern – bewegen sich vor unseren Augen auf den vorbereitenden Skizzen, bis sie sich zu einer Komposition zusammenfügen, in der jedes einzelne Teil alle übrigen hält und trägt ... Das Gemälde ist abstrakt, da es sich in Symbolen ausdrückt, wie Einsteins Gleichung $E = mc^2$, die der großen Öffentlichkeit etwa in der gleichen Zeit bekannt wurde wie Picassos *Guernica* … die abstrakte Kunst kann wie die Wissenschaft dazu verwendet werden, Szenen des Grauens oder der Schönheit heraufzubeschwören. Doch malte Picasso *Guernica* nicht allein wegen des Grauens und auch nicht allein der Schönheit wegen, sondern er tat es aus Menschlichkeit und aus einem Pflichtgefühl gegenüber seinen Mitmenschen. Er nutzte seine besonderen Talente, um eine Mahnung auszusprechen.«[88]

Picasso drückt sich nicht nur in der Kunst frei aus, sondern auch in seinem Leben und in seinen politischen Ansichten. Im Oktober 1944 tritt er in die Kommunistische Partei ein und erregt damit großes Aufsehen. Er selbst erklärt den Journalisten, die sich in seinem Atelier in der Rue des Grands Augustins zusammendrängen: »Mein Eintritt in die Kommunistische Partei ist die logische Konsequenz meines ganzen Lebens und meiner ganzen Arbeit. Denn – und ich bin stolz, das sagen zu können – ich habe meine Malerei nie als eine Kunst des schlichten Vergnügens aufgefaßt oder der Zerstreuung: mit der Zeichnung und mit der Farbe.« Im Jahr 1941 lernt er Françoise Gilot kennen; mit ihr hat Picasso zwei Kinder, Claude und Paloma: Der letztere Name rührt von der Litographie *Friedenstaube* her, die er für das Plakat des Pariser Kongresses der Weltfriedensbewegung geschaffen hatte.

Fünf Jahre später begegnet Picasso dem Ehepaar George und Suzanne Ramiè, das die Keramikfabrik Madoura in Vallauris leitete. Noch zwei Jahre nach den Erfahrungen, die sie mit dem meisterlichen Schüler erlebten, fühlen sie sich außerordentlich geehrt und vom Glück begünstigt, daß sie so viele Monate lang mit ihm zusammenarbeiten konnten. Die unerschöpfliche Schaffensfreude des Künstlers angesichts einer ihm unbekannten Technik beschreiben die beiden auf folgende Weise: »Viele Forscher untersuchten seit Jahrhunderten diese geheimnisvolle Kunst. Hätte man also nicht annehmen können, daß alles darüber gesagt war und alle kreativen Möglichkeiten bereits zutage getreten waren? Offen gestanden, erschien ihm die Vielfalt der althergebrachten Verfahrensweisen unzureichend: Der Maler, der zu der relativen Beschränktheit von Leinwand und Ölfarbe verdammt ist, fühlte sich angesichts des Raums und der sich ständig in Bewegung befindenden und daher unbegrenzten Palette plötzlich befreit.«

Nachdem er 1954 die Bekanntschaft von Jacqueline Roque gemacht hat, die er siebzehn Jahre später im Alter von neunzig Jahren heiraten sollte, beginnt er eine neue Serie von Gemälden zum Thema Algier. In der Gestaltung des Ambiente kommt immer wieder ein Fenster vor, dessen Bedeutung Picasso so erklärt: »Ich behandle die Malerei, wie ich die Gegenstände behandle, das heißt, ich male ein Fenster genau so, wie ich aus dem Fenster schaue. Wenn in einem Bild ein offenes Fenster fehl am Platz zu sein scheint, schließe ich es und ziehe die Gardine vor ... In der Malerei wie im Leben sollte man ohne Schleichwege vorgehen. Natürlich gibt es in der Malerei Konventionen, und es ist wichtig, sie nicht aus den Augen zu verlieren ... aber man muß das wirkliche Leben berücksichtigen.«

Im Jahr 1962, im Alter von einundachtzig Jahren, ist er der berühmteste Maler der Welt. Picasso führt an die hundert Zeichnungen aus, und Anfang 1963 schließt er sich zwar der Konzeption des Klassizismus an, aber dennoch bleibt der »Picasso-Effekt« immer im Zentrum und bildet die Basis jedes seiner Werke. Er läßt sich von Velázquez' Werk *Las Meninas* inspirieren und ebenso von Manets *Frühstück im Freien*, aber dann verzichtet er auf seinen

Gang durch die Jahrhunderte. Von 1963 an konzentriert sich sein Universum auf eine »spöttische« Galerie von Toreros, Fechtern und Personen, die einerseits Träger des Symbols der Männlichkeit sind, aber bei denen zugleich der Abstand zwischen Mann und Frau aufgehoben ist oder sich verringert.

Giulio Carlo Argan kommentiert Picassos Talent auf diese Weise: »Das Spektakel Picasso war tatsächlich ein Jahrhundertspektakel, das letzte große klassische. Als Klassiker hat er die Kunst als etwas sehr Universelles verstanden, und das Universelle wäre nicht universell, wenn es nicht sein eigenes Gegenteil mit einschlösse und in sich auflöste. Jedes seiner mythischen Bilder – und all seine Bilder sind das – ist doppelgesichtig und trägt ein olympisches und ein chthonisches Gesicht; jedes seiner Zeichen ist die Synthese zweier Zeichen, eines positiven und eines negativen ... Zwei Pole hat der Genius Picassos: die Rhetorik und die Ironie. Sie wechseln sich nicht miteinander ab, sondern sie koexistieren: die Ironie beißt der Rhetorik in den Schwanz, so daß sich der Kreis schließt ... Der Gestus Picassos (bei ihm ist alles Gestus) hat immer etwas Aggressives und etwas Zartes an sich. Viele Male verwandelt er sich in das Bild oder die Zeichnung selbst. Das Werk ist nicht vollendet, solange der Künstler nicht die Scheidewand der Leinwand oder des Blattes zerrissen hat, es ist nicht erschienen und hat auch nicht begonnen, sich völlig frei im imaginären Raum der Darstellung zu bewegen.«

Im Jahr 1970 wurden einhundertsiebenundsechzig seiner Gemälde im Papstpalast zu Avignon ausgestellt. Diese Jahre (1969-1970) waren nicht nur die produktivsten Jahre in Picassos Leben, sondern in ihnen zeigte er sich auch überaus großzügig und machte der Stadt Barcelona ein gigantisches Gechenk. Im Jahre 1969 kontaktierte ihn auch die Regierung General Francos, ob er das berühmte

Bild *Guernica* nicht dem Kunstmuseum von Madrid schenken wolle, für das extra ein ganzer Saal bereitgestellt werde. Picasso ließ ein Schriftstück von seinem Anwalt aufsetzen, in dem es hieß, daß nach seinem Ableben das Werk an Spanien übergehen sollte, aber nur unter bestimmten Bedingungen: wenn die republikanischen Freiheiten wiederhergestellt wären. Im Jahre 1971 wurde er neunzig Jahre alt. Zu diesem feierlichen Anlaß ehrte die Galerie des Louvre in Paris Picasso, indem sie acht seiner Bilder ausstellte und dafür die Bilder von anderen großen Künstlern abhängte. Picasso aber blieb zu Hause und malte, er nahm nicht an der Veranstaltung teil, bei der der Präsident der Republik und die höchsten politischen Vertreter anwesend waren. Er schickte als seine Vertretung seinen Sohn Paul.

In seiner Picasso-Biographie beschreibt Patrick O'Brian, der den Künstler seit zwanzig Jahren kannte, den Besuch, den er ihm im Herbst 1972 abstattete: »Frei wie der Wind und glücklich. Nur ein glücklicher Mensch konnte diese Bilder gemalt haben, doch kein Aufgebot von Worten, mit denen er seine Glücksgefühle versicherte, hätte nur halb so überzeugend sein können. Sicher, es gab auch Schatten – die Zeichnungen bewiesen das –, aber Picasso war nicht geschaffen für ungetrübtes Glück, jedenfalls berührten diese Schatten nicht sein Innerstes. So sehr diese Schatten ein gewöhnliches Individuum auch hätten belasten können, im Falle von Picasso waren sie im Gegenteil bedeutsam. Picasso war kein gewöhnlicher Mensch: Sein mehr als gewöhnliches Leiden und Aufbegehren wurde aufgewogen – ja, ich glaube, mehr als aufgewogen – von außerordentlichen Erfüllungen. Mag er außerhalb seines Ateliers nicht so gelebt haben, wie seine Freunde es ihm gewünscht hätten, so verbrachte er doch den größten Teil seiner wachen Stunden – sogar nach dem gewöhnlichen

Zeitmaß und mehr noch, was die Intensität seines Lebens anbelangt – vor seiner Staffelei, allein in der viel reineren Welt seiner eigenen Schöpfung.«[89]

Auch mit neunzig Jahren hält seine Kreativität noch an. Der Künstler entwickelt nun eine neue Art des Malens mit immer mehr Farben und mit Figuren, die nur flüchig hingeworfen zu sein scheinen. In dem Bild *Mutter und Kind* aus dem Jahr 1971 bricht eine neue Vitalität durch: Er arbeitet, als wäre er erst dreißig Jahre alt, als hinge sein Leben von der Malerei ab und als schenkte sie ihm täglich ein neues Leben.

Das Gemälde von 1971 *Sitzender Mann mit Krückstock* ist eines seiner letzten Selbstbildnisse.

Kahnweiler faßt die ungeheure Schaffenskraft des Künstlers zusammen: »Dieser Mann hat der Kunst unserer Zeit seinen Stempel aufgedrückt: Unser Jahrhundert ist das Jahrhundert von Pablo Picasso. Gewiß hat es in dieser Epoche auch andere große Maler und Bildhauer gegeben, aber mehr als jeder andere hat Pablo Picasso den Weg vorgezeichnet, und das nicht nur in der Malerei, sondern auch in der Bildhauerei und Graphik. Und auf diese Weise hat er unserer sichtbaren Welt eine Form gegeben.«

7. Mit verdeckten Karten

Das Siegen war nie ein löblich Ding,
Ob man durch Glück oder Geist siegte.

Ludovico Ariosto[90]

»Wir sollten begreifen: Der Mensch ist weder ein Irrtum der Natur, noch sorgt diese automatisch und selbstverständlich für seine Erhaltung. Der Mensch ist Teilnehmer an einem großen Spiel, dessen Ausgang für ihn offen ist. Er muß seine Fähigkeiten voll entfalten, um sich als Spieler zu behaupten und nicht Spielball des Zufalls zu werden.«[91]

So erklären Eigen und Winkler in dem Buch *Das Spiel* das Verhältnis zwischen Mensch und Natur, ein Phänomen, »das von Anbeginn den Lauf der Welt gelenkt hat«.

Erst in der Moderne haben Psychologie und Anthropologie den Nutzen des Spiels für den Menschen in seiner erzieherischen, biologischen und sozialen Funktion erkannt.

Wie Ariost in seinem Epos *Orlando Furioso* schrieb, kann man sowohl durch Glück wie auch durch den Geist siegreich sein, dennoch kann ein solcher Sieg, auf welchem Gebiet er auch errungen wird, als »kein löblich Ding« betrachtet werden.

»Durch Glück« wird ein Sieg dann errungen, wenn er – wie bei einem Pokerspiel oder bei weiteren sogenannten Glücksspielen – lediglich von dem zufälligen Ergebnis abhängt, das einem die zugeteilten Karten gewähren. Dagegen siegt man »durch Geist«, wenn der Sieg der Ausübung einer intellektuellen Tätigkeit zu verdanken ist – etwa einer mathematischen Berechnung oder dem Ergebnis einer ausgeklügelten Strategie.

Die Faszination eines Spiels »mit verdeckten Karten« entsteht allein aus der Kombination von Zufall und Regeln. Die Kartenverteilung am Anfang stellt einen grundlegenden Mechanismus dar, der das Element des Zufalls einführt, aber keine Voraussage über das Endresultat des Spiels trifft.

Die Unmöglichkeit der Voraussage kann beseitigt werden durch einen gewieften Plan, dessen sich der Falschspieler bedient, wobei er auf die langsame Wahrnehmung der Mitspieler baut. Der Falschspieler verfügt, ebenso wie der Zauberer, über eine außergewöhnliche Geschicklichkeit, wenn es um den Gebrauch der physiologischen Eigenschaften der sensorischen Sinne geht.

Wie alle Phänomene der organischen und anorganischen

Welt, welche die Entwicklung des Universums gelenkt haben, verläuft und reguliert sich das Leben auf der Grundlage von Regeln, die durchaus mit den Regeln eines Spiels vergleichbar sind.

Eigen und Winkler kommentieren die Ursprünge des Spiels folgendermaßen: »Es ist nicht der Mensch, der das Spiel erfand. Wohl aber ist es ›das Spiel, und nur das Spiel, das den Menschen vollständig macht‹. Entstammen nicht all unsere Fähigkeiten dem Spiel? Zunächst dem Spiel der Muskeln und Gliedmaßen ... dem Spiel der Sinne ... dem Wechselspiel der Gedanken und der Gefühle ... Jedes Spiel hat seine Regeln. Dadurch grenzt es sich von der Außenwelt, der Wirklichkeit, ab und setzt eigene Wertmaßstäbe ... Bei den Gesellschaftsspielen sind es im vorhinein getroffene Vereinbarungen, die den Ablauf des Spiels steuern und eine Wertskala definieren.«[92]

Der Spieler hat natürlich die Hoffnung zu gewinnen und ist in jeder Phase des Spiels emotional beteiligt. Bei diesem wie auch bei anderen Ereignissen, die oft um vieles ernster zu werten sind, da als Preis nicht der Sieg in einem Spiel ausgesetzt ist, sondern das Leben selbst, ist die Emotion mehr oder weniger von Angst beeinflußt.

Welche Rolle hat nun das Phänomen der Angst in der Entwicklungsgeschichte der menschlichen Spezies gespielt?

Der große Dichter Rilke befand in seiner achten *Duineser Elegie*, daß die Angst, von der alle Menschen durchdrungen sind, sich nicht wesentlich von der anderer Säugetiere unterscheide, die wie wir aus dem Schoß einer Mutter geboren wurden. Doch habe die Angst, an der diese leiden, ihren Ursprung nicht in dem Bewußtsein des Todes, welches das erlittene Vorrecht des Homo sapiens ist, sie spiegele vielmehr die Erinnerung an eine Vergangenheit wider, die in der schützenden Umgebung eines mütterlichen Schoßes erlebt wurde. Glücklich die kleine Fliege, die seit dem Akt der Empfängnis in Kontakt mit dem Raum ist, der ihr vom Schicksal zugewiesen wurde, und die sich dadurch an keine andere Vergangenheit erinnern kann.

Ich stimme nicht mit Rilke überein, sondern ich bin der Ansicht, daß die Angst, jenes traurige Privileg von uns Menschen, nicht in dem vermuteten Heimweh nach dem Leben im Mutterschoß gründet, sondern eine enorm wichtige Rolle im Überleben der menschlichen Rasse spielte.

Vor ungefähr dreieinhalb Millionen Jahren setzte eine der Mutationen, die sich allerdings grundlegend von den Millionen anderen unterschied, die vor ihr aufgetreten waren, ein in der Geschichte der Welt unvergängliches Zeichen. Nachdem unsere fernen Vorfahren von den Ästen der Bäume im afrikanischen Dschungel herabgestiegen waren und sich in die Weite der Savanne gewagt hatten, in der sie Räubern jeder erdenklichen Art ausgeliefert waren, setzte der Überlebensinstinkt in ihnen einen Verteidigungsmechanismus in Gang, der darin bestand, vermuteten und wirklichen Gefahren aus dem Weg zu gehen und ihnen gleichzeitig zuvorzukommen.

Doch wurde dieser emotionale Zustand, der anfänglich für das Überleben des einzelnen wie auch der gesamten Rasse notwendig war, im Laufe der Jahrhunderte zunehmend schädlicher, denn er benachteiligte den Menschen dadurch, daß er ihn zum Opfer seiner existentiellen Ängste machte.

Mehr als von allen anderen möglichen Ängsten werden wir von der Angst vor dem Tod beherrscht, dem normalerweise die Lebensphase vorausgeht, die wir mit dem Begriff des Alters bezeichnen.

Die längere Lebensdauer des Menschen in jüngerer Zeit hat die Angst, sich mit den Beschwernissen des Alters, wie dem Verfall des Körpers und einer stufenweisen Verminderung der geistigen Fähigkeiten, auseinandersetzen zu müssen, um ein Vielfaches verstärkt. Die Hypothese von einem irreversiblen Verfall ist jedoch nicht als unwiderleglich bewiesen worden.

Im Spiel des Lebens, das »mit verdeckten Karten« gespielt wird, sind also nicht der Betrug und die Unredlichkeit eines Falschspielers das Ausschlaggebende, sondern die Fähigkeit zur Voraussicht in bezug auf den Gebrauch unserer geistigen Kapazität. Denn nur damit haben wir die Chance, in der kritischsten Lebensphase des Menschen, im Alter, den Sieg davonzutragen.

Der Einsatz bei dieser Partie, die der Mensch »spielt«, ist hoch: Es gilt, das Alter, das als der am meisten gefürchtete und traurigste Lebensabschnitt angesehen wird, in eine heitere Phase zu verwandeln, die nicht weniger produktiv ist als die vorausgegangenen.

8. Die Trumpfkarte

Aus der Tatsache, daß das Leben letztlich (wie ich glaube), ein Spiel ist, das man nur verlieren kann, folgt nicht, daß man nicht versuchen sollte, es so gut wie nur möglich zu spielen und es so spät wie nur möglich zu verlieren.

C.-A. Sainte-Beuve[93]

Beim Pokerspiel ist die Spielkarte mit dem höchsten Wert das As, üblicherweise mit der Abkürzung A bezeichnet. Es besitzt, wenn es in einer bestimmten Folge vorgelegt wird, einen höheren Wert als alle anderen Karten und ist also dem Sieg vorbehalten.

Im Spiel des Lebens ist die Karte mit dem höchsten Wert die Fähigkeit, sich in allen Lebensabschnitten und insbesondere in der Phase des Alters aller mentalen und psychischen Aktivitäten zu bedienen, die man besitzt.

Der Begriff der Trumpfkarte kann unterschiedliche Bedeutungen annehmen; in diesem Zusammenhang aber folgt er den Versen von Yeats, die den alten Menschen in dem Symbol eines zerschlissenen Mantels darstellen. Jeder Fetzen, der durch die Abnutzung des Alters bedingt ist, ist Zeugnis des vorher gelebten Lebens. Und wenn dieses Leben gut gelebt wurde, ist das Alter des Respekts würdig und nicht des Mitleids. Das faszinierende Bild des Alters, das der irische Dichter beschreibt, bezieht sich auf die Schlachten, die im Lauf eines langen Lebens gewonnen wurden. Der Besitz des »Asses im Ärmel« geht noch einen Schritt weiter. Auf die bereits erzielten Siege können, wenn jemand sich dieses Asses bedienen kann, noch weitere folgen.

Wem wird dieses Privileg gewährt?

Obwohl in der Vergangenheit theoretisch jedes Individuum der menschlichen Spezies im Besitz dieses Asses war, war doch nur eine sehr geringe Anzahl von Menschen in der Lage, daraus einen Nutzen zu ziehen.

Denn das Vorrecht, diese Trumpfkarte zu gebrauchen, war nur den privilegierten Schichten wie Adel, Klerus und Großbürgertum vorbehalten. Allerdings waren die Sprößlinge der Familien, die die Macht besaßen, oft gezwungen, Tätigkeiten nachzugehen, die ihren Bestrebungen nicht entsprachen, so daß die Folgen, die sie zu tragen hatten, ihren gesamten Lebensweg, besonders aber die Phase des Alters beeinträchtigten.

Über Tausende von Jahren hinweg konnten die Angehörigen des weiblichen Geschlechts von ihren naturgegebenen geistigen Fähigkeiten keinen Gebrauch machen, da die Männer mit der ihnen eigenen größeren Körperkraft und ihrer angeblichen geistigen Überlegenheit ihnen den Zugang zur Macht und zur Kultur verwehrten.

Allerdings wurde es nicht nur den Frauen, sondern auch fast allen Angehörigen der unteren sozialen Schichten – ob weiblich oder männlich – unmöglich gemacht, ihre intellektuellen Fähigkeiten zu gebrauchen. Von Kindheit an waren sie dazu gezwungen, einer aufreibenden körperlichen Tätigkeit nachzugehen, die sie daran hinderte, sich Aufgaben von mehr geistiger Natur zu widmen.

Heute, an der Schwelle zum dritten Jahrtausend, liegt dieses Privileg in Reichweite aller Gesellschaftsmitglieder der demokratischen, industriell und kulturell hochentwickelten Länder.

Doch wird die Anwendung dieser Trumpfkarte noch immer von äußeren wie von inneren Faktoren begrenzt. Die äußeren Ursachen sind überaus zahlreich: Neun Zehntel der Menschen leben in elenden Verhältnissen, die einerseits durch Krankheiten oder Hungersnöte bedingt sind und andererseits durch diktatorische Regimes, die gesellschaftliche Zwänge auf der Grundlage einer politisch-religiösen Überzeugung ausüben, die den Mitgliedern bestimmter Bevölkerungsgruppen in den Entwicklungsländern die Anwendung verbietet, um die Möglichkeiten zu verwirklichen, die sie haben.

Der innere Grund ist, daß es dem Menschen an Voraussicht fehlt, die ihn dazu bewegt, sich bereits in der Jugend, aber vor allem im Erwachsenenalter auf alternative Tätigkeiten vorzubereiten, die er im hohen Alter ausüben kann. Der Grund für die mangelnde Vorbereitung liegt in der willentlichen Verweigerung, sich »persönlich« mit dem gefürchtetsten Abschnitt des Lebens, dem Alter, auseinanderzusetzen. Außerdem herrscht im allgemeinen die Auffassung vor, daß der Verfall der zerebralen und geistigen Funktionen eine entsprechende Vorbereitung auf diesen Lebensabschnitt nutzlos mache.

Diese Meinung schien auch bislang durch die Tatsache bestätigt, daß die Neuronen (ewige Zellen, die also nicht die Eigenschaft haben, sich zu reproduzieren) dem Tod entgegengehen, der heute allgemein als der »programmierte Tod« bezeichnet wird. Man nimmt an, daß dieser zahlenmäßig feststellbare Verlust ab einem Alter von 60 bis 70 Jahren in einer Größenordnung von Hunderttausenden von Zellen pro Tag stattfindet. Diese Einbuße an Zellen wirkt so dramatisch, daß die Ausübung kreativer Tätigkeiten auch in fortgeschrittenem Alter nicht mehr gerechtfertigt erscheint. Dennoch ist dieser Verlust im Grunde irrelevant, da das Gehirn aus einer astronomischen Zahl von Nervenzellen besteht.

In Wirklichkeit werden durch den normalen Alterungsprozeß viel weniger Zellen eliminiert als normalerweise angenommen wird: »Man schätzt, daß ab der zweiten

Lebenshälfte alle zehn Jahre ungefähr 5 Prozent der Neuronen im Bereich des Hippokampus absterben, und das entspricht insgesamt einem Verlust von 20 Prozent der Neuronen. Doch erfolgt die Abnahme nicht gleichmäßig; so wurde zum Beispiel in einigen Arealen des Hippokampus kein signifikanter Rückgang beobachtet. « Nach Aussage von D. J. Selkoe[94] erleidet das menschliche Gehirn im fortgeschrittenen Alter zwar den Verlust gewisser Neuronen und hat es gleichfalls mit biochemischen Veränderungen zu tun, doch bewirken diese bei vielen Menschen keinen nennenswerten Niedergang ihrer kognitiven und kreativen Fähigkeiten.

Wie bereits in dem Kapitel über die neuronale Plastizität beschrieben, sind die verbleibenden Zellen durchaus in der Lage, sowohl die Verästelungen der Dendriten zu vermehren als auch die zerebralen Schaltungen auf synaptischer Ebene zu steigern. Auch im hohen Alter bleibt beim Homo sapiens diese Eigenschaft des Gehirns in genau dem gleichen Umfang erhalten und unterscheidet sich in nichts von der, die er in den vorhergehenden Lebensphasen zur Verfügung hatte. Darauf bezieht sich auch der Mathematiker E. De Giorgi, wenn er von der Fähigkeit spricht, »... das Unendliche zu denken, obwohl man innerhalb der eigenen Grenzen die eigene Endlichkeit erkennt«.

Auf der Grundlage dieser Eigenschaft hat auch der Mensch, der am Ende seines Weges steht, die Möglichkeit, seine intellektuellen Fähigkeiten und das, was das Leben ihm bietet, in vollem Umfang zu genießen und sich damit einer Zukunft zu erfreuen, die ihm nicht gehört.

9. Epilog

Die Intensität des Vertrauens in eine Überzeugung macht den Kämpfer mutig; der Sieg wird denen zuteil, die absolute Gewißheiten besitzen im Hinblick auf Probleme, bei denen der Zweifel die einzig vernünftige Haltung wäre.

Bertrand Russell[95]

»Wer das Alter preist, hat ihm noch nicht ins Gesicht gesehen«, schrieb der Philosoph Norberto Bobbio und wandelte damit den Ausspruch ab, der Erasmus zugeschrieben wurde: »Wer den Krieg preist, hat ihm noch nicht ins Gesicht gesehen.«

So berechtigt die Feststellung des Erasmus ist, so wenig gerechtfertigt ist der Vergleich zwischen Alter und Krieg.

Der Krieg ist ein trauriges Vorrecht der Menschen. Es gab ihn schon zu Urzeiten in den archaischen Gesellschaften und Stämmen, und es gibt ihn bis heute. Der Grund liegt vor allem in dem Streit um Territorialbesitz und in dem Bestreben ethnischer Gruppen, einander zu unterjochen. In den sogenannten zivilisierten Ländern ist ein Krieg die Folge aus der ungünstigen Kopplung der Entscheidungsgewalten, die von militärisch-politischen Organen ausgeübt werden und deren einflußreiche Verbündete die Waffenhersteller sind. Zu ihren Gunsten wirkt sich außerdem die Massenhypnose aus, die von den Medien durch die dem Volk ein gehämmerten patriotischen Slogans hervorgerufen wird.

Der Krieg ist jedoch ein schreckliches Erlebnis für Millionen Menschen, die ihm, ohne daß es ihrem Willen entspricht, ins Gesicht sehen müssen.

Das Alter unterscheidet sich vom Krieg in vielfacher Hinsicht. Es ist ein biologisches Ereignis, das bei allen Lebewesen in einem größeren oder geringeren Ausmaß stattfindet.

Auf der Grundlage meiner persönlichen Erfahrung widerspreche ich der Behauptung »wer das Alter preist, hat ihm noch nicht ins Gesicht gesehen«. Wie auf den vorangegangenen Seiten dargelegt, kann diese Lebensphase in positiver Weise gelebt werden, und zwar geschieht das in dem Augenblick, in dem unsere Sicht des Lebens eine größere Perspektive gewinnt und vorausschauender ist, als das in den Jahren der vollen Erwerbstätigkeit möglich war.

Im Fall der Verfasserin wird die Zeit, die sie durch die Einschränkung ihrer didaktischen Verpflichtungen und Forschungsarbeiten im Labor wiedergewonnen hat, nun dem gewidmet, was ihr Jugendtraum war – sich für soziale Probleme zu engagieren.

Diese optimistische Sicht des Alters ist weder durch besondere Verdienste noch durch überdurchschnittliche intellektuelle Fähigkeiten bedingt.

Die Behauptung, daß es möglich sei, auch im Greisenalter schöpferisch tätig zu sein, wird bestätigt durch die Zeugnisse von Leben und Werk der beschriebenen Persönlichkeiten, durch meine persönliche Erfahrung und das Wissen um die grandiosen kognitiven Fähigkeiten, die uns in neuer Form auch im weit fortgeschrittenen Alter erhalten bleiben.

Yeats beschäftigt sich mit der Bedeutung des Todesbewußtseins, in dem er das traurige Privileg der menschlichen Spezies sieht, und er beschreibt sie so:

Nicht Furcht noch Hoffnung sind
Sterbenden Tiers Geleit;
Ein Mensch empfängt sein End
Ganz Hoffen und Furchtsamkeit...
Er kennt ihn bis zum Grund –
Tod, den der Mensch erschuf.[96]

Auf das Bewußtsein vom Tod, das uns seit Hunderttausenden von Jahren bewegt, ist in neuerer Zeit die tiefe Angst gefolgt, sich mit den negativen Aspekten des Alters auseinandersetzen zu müssen. Das gegenwärtige Gesellschaftssystem neigt dazu, Gewinn, Produktion und Effizienz überzubewerten. Und wer, wie der alte Mensch, nicht mehr in der Lage ist zu »produzieren«, wird automatisch überflüssig, nutzlos, ja, sogar zu einer Belastung für die Gesellschaft. Es ist also der Mensch dieser Kultur, der das Alter erschaffen hat.

Doch gibt es gegen diese Schöpfung im negativen Sinne ein Gegenmittel, und das heißt, sich der außergewöhnlichen zerebralen Fähigkeiten, die wir besitzen, bewußt zu sein. Im Gegensatz zu dem, was für alle anderen Organe die Regel ist, führt der beständige Gebrauch dieser Fähigkeiten nicht zu Abnutzungserscheinungen. Paradoxerweise stärkt er das Gehirn und läßt Qualitäten erstrahlen, die im Strudel der Tätigkeiten in den vorherigen Phasen unseres Lebensweges nie zum Ausdruck gekommen sind.

Anmerkungen

1 N. Machiavelli, *Il principe*, Turin 1961, Kap. XXV, S. 121.
2 J. Swift, *Gullivers Reisen*, Frankfurt am Main 1974, S. 305f., 308, 309.
3 Cicero, *Cato der Ältere über das Greisenalter*, Stuttgart 1965, S. 19, 11f.
4 O. Wendell Holmes Jr., *The Class of '61*.
5 S. de Beauvoir, *Das Alter*, Reinbek bei Hamburg 1997, S. 5, 463.
6 N. Bobbio, *Vom Alter – De senectute*, Berlin 1997, S. 65, 66f.
7 M. Bettini, *Arianna*, Florenz 1995.
8 T. S. Kuhn, *Die Struktur wissenschaftlicher Revolutionen*, Frankfurt 1973.
9 C. Golgi, *Teorie e fatti*, in: *Opera omnia*, Mailand 1873, Bd. IV, S. 1249–1291.
10 H. W. G. Waldeyer, *Über einige neuere Forschungen im Gebiete der Anatomie des Zentralnervensystems*, in: Deutsche Medicinische Wochenschrift 17 (1891), S. 1213–1218.
11 C. Golgi, *Sulla struttura della sostanza grigia del cervello*, wiederveröffentlicht in *Opera omnia*, Mailand 1873, Bd. I, S. 91–98.
12 S. R. y Cajal, *Histologie du système nerveux de l'homme et des vertèbres*, Paris 1909, Bd. 1.
13 M. Abercrombie, *Biograph. Memoirs of Fellows of the Royal Soc.*, Ross Granville Harrison, 1961, Bd. 7, S. 11 126.
14 C. S. Sherrington, *The Integrative Action of the Nervous System*, New York 1906.
15 F. Crick, *Of Molecules and Men*, Washington Paperbacks, University Press, 1967.
16 D. Thomas, *Windabgeworfenes Licht*, Gedichte Englisch /

Deutsch, Frankfurt/Main 1995, S. 147, Übertragung: Ewald Brahms.
17 G. M. Edelman, *Göttliche Luft, vernichtendes Feuer*. Wie der Geist im Gehirn entsteht – die revolutionäre Vision des Medizin-Nobelpreisträgers, München 1995, S. 39.
18 Cartesius (René Descartes), in *Opere*, hrsg. von Eugenio Garin, Bari 1967, Bde. I u. II.
19 A. R. Damasio, *L'errore di Cartesio*, Mailand 1995.
20 W. James, *Principles of Psychology*, New York 1890.
21 C. S. Sherrington, *The Integrative Action of the Nervous System*, London 1906.
22 S. W. Kuffler, *Neurons in the Retina: Organization, Inhibition and Excitation Problems*, Cold Spring Harbor Symp. Quant. Biol., 1952, 17, S. 281–292.
23 D. Hubel, T. Wiesel, *Brain Mechanisms of Vision*, Sci. Am., 1979, 241, 3, S. 150–162.
24 V. B. Mountcastle, *An Organizing Principle for Cerebral Function. The Unit Module and the Distributed System*, in: The Mindful Brain, MIT Press, Cambridge 1978, S. 7–50.
25 P. Broca, *Sur le siège de la faculté du langage articulé*, Bull. Soc. Anthropol., 1865, 6, S. 377–393.
26 P. D. Mc Lean, *The Limbic System (Visceral Brain) and Emotional Behavior*, Arch. Neurol. Psychiatry, 1955, 73, S. 130–134.
27 J. W. Papez, *A Proposed Mechanism of Emotion*, Arch. Neurol. Psychiatry, 1937, 95, S. 97–109.
28 E. R. Kandel, R. D. Hawkins, *Apprendimento e individualità: le basi biologiche*, Mailand 1992.
29 P. G. Montarolo, S. Schacher, *Apprendimento e memoria in vitro*, Mailand 1988, S. 242.
30 R. W. Sperry, *The Growth of Nerve Circuits*, Sci. Am., Nov. 1959, S. 68–75.
31 K. S. Lashley, *In Search of the Engramm*, Symp. Soc. Biol., 1950, 4, S. 454–482.
32 R. W. Sperry, *Problems Outstanding in the Evolution of Brain Function: James Arthur Lecture on the Evolution of the Human Brain*, The American Museum of Natural History, New York 1964.
33 R. W. Sperry, *A Modified Concept of Consciousness*, Physiol. Rev., 76, S. 532–536.

34 Nucleus genicolatus (mit Knoten versehener Kern): Zwischenstation zwischen den Fasern des Sehnervs, der von den Ganglienzellen der Netzhaut produziert wird und der die letzte Station des Lobus occipitalis in derselben Hemisphäre und auch der auf der gegenüberliegenden Seite bildet.

35 D. J. Selkoe, *L'invecchiamento cerebrale*, Mailand 1992, S. 291, 104.

36 F. Benedetti, *Plasticità delle mappe sensoriali*, Mailand 1992.

37 G. M. Edelman, *Göttliche Luft, vernichtendes Feuer.* Wie der Geist im Gehirn entsteht – die revolutionäre Vision des Medizin-Nobelpreisträgers, München 1995, S. 147.

38 Id., *Remembered Present: A Biological Theory of Consciousness*, 1990.

39 E. Boncinelli, *A caccia di geni*, Rom 1996, S. 64.

40 A. Turing: berühmter Mathematiker, der einen Test erfand, bekannt als Turing-Test. Seine Durchführung besteht in der Schaltung zwischen dem Prüfer, einer Versuchsperson und einem Rechner. Der Prüfer muß aufgrund der Antworten, die er auf seine Fragen erhält, feststellen, wer der Mensch und wer der Roboter ist. Eine jede dieser drei »Personen« befindet sich in einem eigenen Zimmer und kann die anderen nicht sehen; die Fragen werden mittels einer Tastatur und eines Monitors gestellt. Die Antworten treffen auf dem Bildschirm ein und können nach dem Zufallsprinzip ebenso vom anderen Menschen wie vom Computer hervorgebracht werden, ohne daß der Prüfer wissen kann, von wem die Antwort stammt. Wenn dieser nicht in der Lage ist zu entscheiden, von welcher der beiden ihm die Antworten geliefert werden, hat der Computer den Test bestanden.

41 S. T. Coleridge, *Lectures on Literature[1818].*

42 G. Stent, *Paradoxes of Progress*, San Francisco 1978.

43 J.-H. Poincaré, *Science et Philosophie.*

44 J. C. Polanyi, *Scienza e arte: due metodi di interpretare il reale*, in: *Scienza e Società. Dieci Nobel per il Futuro*, Venedig 1995, S. 69–88.

45 T. S. Eliot, *Gesammelte Gedichte 1909–1962*, hrsg. v. Eva Hesse, Frankfurt/Main 1972 (*Vier Quartette*, S. 327) [Deutsch v. Nora Wydenbruck].

46 G. Vasari, *Le vite de' più eccellenti architetti, pittori et scultori italiani*, Florenz 1550.

47 G. Vasari, *Le vite de' più eccellenti architetti, pittori et scultori italiani*, cit.

48 Michelangelo, *Sonette*, übersetzt, herausgegeben und mit Anmerkungen versehen von Gottlob Regis, München (o. J.)

49 I. Stone, *Lettere di Michelangelo Buonarrotti*, Mailand 1963.

50 G. C. Argan, B. Contardi, *Michelangelo architetto*, Mailand 1990, S. 359.

51 C. De Tolnay, *Momenti del marmo*, Michelangelo e il blocco, Rom 1969.

52 G. C. Argan, *Storia dell'arte italiana*, Florenz 1968, Bd. III.

53 J. Monod, *Zufall und Notwendigkeit*, München 1971.

54 E. Carli, *La mente, una prospettiva evoluzionistica. A colloquio con Gerald Edelman*, Mailand 1997, S. 8f., 343.

55 Der Antrieb wird heute als Kraft oder Bewegungsmenge bezeichnet, d. h. das Produkt der Masse mal Beschleunigung. Zu letzterer Definition war Galilei nie gelangt.

56 F. Bellone, Hrsg., *»Il Saggiatore« di Galileo Galilei*, Mailand 1989, S. 9.

57 A. Battistini, *Introduzione a Galilei*, Bari 1989, S. 189.

58 G. Toraldo di Francia, *In fin dei conti*, Rom 1997, S. 84.

59 T. S. Eliot, *Gesammelte Gedichte 1909–1962*, hrsg. v. Eva Hesse, Frankfurt/Main 1972, S. 39, Übertragung: Hans-Jürgen Heise

60 A. Wood, *Bertrand Russell. The Passionate Sceptic*, London 1957.

61 B. Russell, *The Principles of Mathematics*, Cambridge 1903, Repr. 1972.

62 B. Russell, *My Philosophical Development*, London 1959. Repr. 1975.

63 B. Russell, *Mysticism and Logic*, New York 1918, Repr. 1981.

64 A. J. Ayer, *Russell*, London 1974.

65 B. Russell (mit A. N. Whitehead), *Principia Mathematica*, 3 Bde., Cambridge 1910–1913 (with an introduction 1925–27). Repr. 1963.

66 B. Russell, *Portraits from Memory*, London 1956.

67 Empirismus: Von dem griechischen *empeiría* herstammender Begriff, der Erfahrung in bezug auf das Wissen und auf die wissenschaftliche Praxis bedeutet. Er wurde von Hegel als jene Denkhaltung definiert, die, anstelle das Wahre im

Denken selbst zu suchen, aus der Erfahrung zu schöpfen versucht.

68 A. Pellegrini, *Russell dice la sua*, Longanesi, Mailand 1968 (aus einem Interview von W. Wyatt), S. 229.

69 Ontologie: im 17. Jahrhundert eingeführter Begriff, um allgemein die Wissenschaft vom Sein zu bezeichnen. Sie besteht also aus der Forschung über das »Sein als Sein«, das Aristoteles der »Ersten Philosophie« zusammen mit der Suche nach Gott zugewiesen hatte.

70 B. Russell, *Marriage and Morals*, London 1929. Repr. 1972. *Ehe und Moral*, Stuttgart 1951.

71 B. Russell, *In Praise of Idleness and Other Essays*, London 1935. *Lob des Müßiggangs*, Repr. Hamburg – Wien 1977.

72 Id., *Sceptical Essays*, London 1928. Repr. 1977.

73 B. Russell, *Mein Leben*, Bd. 1, Zürich 1967, *Autobiographie*, Bd. 2, Frankfurt/Main 1970, Bd. 3, Frankfurt/Main 1972.

74 B. Russell, *The Conquest of Happiness*, London 1930. *Eroberung des Glücks. Neue Wege zu einer besseren Lebensgestaltung*, Frankfurt/Main 1977.

75 Aus »Times Literary Supplement«.

76 A. Belli, Hrsg., *Bialik, Antologia della rinascita ebraic*a, Mailand 1966, S. 18.

77 Erez Jisrael: das Land Israel.

78 Alija: der Aufstieg.

79 Chalutz: Bezeichnung für die zionistischen Pioniere Palästinas.

80 Kibbuz: landwirtschaftliches Kollektiv in Israel. Die Familien leben miteinander, nehmen die Mahlzeiten gemeinsam ein und ziehen gemeinsam ihre Kinder groß, bebauen das Land und widmen sich noch anderen Arbeiten. Ihr Verdienst fließt in eine gemeinsame Kasse.

81 Alija Bet: *Alija* (der Aufstieg); *Bet* ist der zweite Buchstabe des griechischen Alphabets, β, also die zweite Einwanderungswelle ins Land der Ahnen, aus dem die Juden nach der Zerstörung Jerusalms vertrieben worden waren. Sie kehrten jedoch heimlich in Gruppen zurück, da man seit dem 17. Jahrhundert in Rußland, Polen und Litauen damit begann, Pogrome abzuhalten.

82 S. Peres, *The New Middle East,* 1993.

83 A. Levi, *Rapporto sul Medio Oriente*, Bologna 1998.

84 A. Machado, *Poesie scelte*, hrsg. v. Oreste Macrì, Mailand 1987.
85 D. Thomas, *Windabgeworfenes Licht*, Gedichte Englisch / Deutsch, Frankfurt/Main 1995, S. 367, Übertragung: Curt Meyer-Clason.
86 C. Brandi, *Carmine o della Pittura*, Florenz 1947.
87 M. De Micheli, *Scritti di Picasso*, Mailand 1964, XIII.
88 J. C. Polany, *Scienza e arte: due metodi di interpretare il reale*, in: *Scienza e Società. Dieci Nobel per il Futuro*, Venedig 1995, S. 69–81.
89 P. 'Brian, *Pablo Picasso. Eine Biographie*, Hamburg 1979, S. 609 f. (a. d. Amerikanischen v. Christian Spiel).
90 L. Ariosto, *Orlando Furioso*, XV, Mailand 1987, ott. 1, S. 323.
91 M. Eigen, R. Winkler, *Das Spiel. Naturgesetze steuern den Zufall*, München 1975, unveränd. Taschenbuchausg., 4. Aufl. 1996, S. 14
92 Ebd., S. 18
93 C.-A. Sainte-Beuve, *Portraits littéraires*.
94 D. J. Selkoe, *L'invecchiamento cerebrale*, Mailand 1992.
95 B. Russell, *Principles of Social Reconstruction*, London 1916. Repr. 1971.
96 W. B. Yeats, *Werke I, Ausgewählte Gedichte*, Neuwied und Berlin 1970, S. 200, Übertragung: Gerschon Jarecki.

Dank

Meinen aufrichtigen Dank möchte ich Giuseppina Tripodi aussprechen. Sie war mir, da sie den enormen Altersunterschied zwischen uns überbrückte, sehr nahe. Mit großer Begeisterung und Hingabe hat sie an der Ausarbeitung dieses Buches teilgenommen und mir dadurch wertvolle, unschätzbare Hilfe geleistet.

SERIE PIPER

Angelika U. Reutter, Anne Rüffer

Frauen leben für den Frieden

Die Friedensnobelpreisträgerinnen von Bertha von Suttner bis Schirin Ebadi. 356 Seiten mit 15 Abbildungen. Serie Piper

Die österreichische Pazifistin Bertha von Suttner erhielt 1905 den Friedensnobelpreis: als erste Frau. Seit der Stiftung des Preises durch Alfred Nobel im Jahr 1896 wurde dieser angesehene Preis nur zehnmal an Frauen verliehen, darunter Mutter Teresa, der »Engel der Armen«, Jody Williams, die sich für ein Landminenverbot einsetzte, und zuletzt die Iranerin Schirin Ebadi. Mit ihrem bewundernswerten Engagement für friedliche Konfliktlösungen und Menschenrechte haben sie gezeigt, daß Gegengewalt bei Kriegen nicht die einzige Lösung ist. Angelika U. Reutter und Anne Rüffer zeichnen in diesem Band das Leben dieser eindrucksvollen Frauen nach, die sich auf ihre ganz persönliche Weise gegen Gewalt stark gemacht haben.

05/1780/01/L

Uwe Böschemeyer

Das Leben meint uns

111 Ermutigungen für Paare. 166 Seiten. Serie Piper

Der Streit ums Geld, ein kleiner Konflikt beim Autofahren, der vergessene Geburtstag, die unfreundliche Bemerkung am Morgen – oft beginnt damit die Krise in einer Beziehung. Doch, so der erfahrene Psychotherapeut Uwe Böschemeyer, fast jede Krise ist auch eine Chance. Wenn Paare nach den Zielen eines gemeinsamen Lebens fragen, ist ein Neubeginn möglich. In nachdenklichen Texten, Fallgeschichten und kleinen, sofort einleuchtenden Alltagsszenen zeigt der Autor die Probleme und Ziele einer Beziehung. 111 Ermutigungen für Paare.

»Auf der nach oben offenen Qualitätsskala der Beratungsbücher belegt das Buch einen Spitzenplatz.«

www.wissen.de

05/1407/01/R